Ecco 1

METODO DI ITALIANO

Grammatikheft

Ecco 1

Lehrwerk für Italienisch
Grammatikheft

Herausgegeben von
Philipp Volk, Susanne Zieglmeier

Im Auftrag des Verlages erarbeitet von
Dr. Dorothea Zeisel

und der Redaktion
Katrin Gütermann

Projektleitung: Heike Malinowski

Illustration: Anna Mars
Umschlaggestaltung: vitaledesign, Berlin
Layout und technische Umsetzung: graphitecture book & edition

Umschlagfoto: © TipsImages / vario images

Begleitmaterialien zu Ecco 1:
ISBN 978-3-06-022893-5   Schülerbuch
ISBN 978-3-06-022894-2   Audio-CD
ISBN 978-3-06-022895-9   Arbeitsheft mit CD
ISBN 978-3-06-022896-6   Handreichungen für den Unterricht

www.cornelsen.de

1. Auflage, 3. Druck 2022

Alle Drucke dieser Auflage sind inhaltlich unverändert
und können im Unterricht nebeneinander verwendet werden.

© 2016 Cornelsen Schulverlage GmbH, Berlin
© 2018 Cornelsen Verlag GmbH, Berlin

Druck: Athesiadruck GmbH

ISBN 978-3-06-021276-7

PEFC zertifiziert
Dieses Produkt stammt aus nachhaltig
bewirtschafteten Wäldern und kontrollierten
Quellen.

PEFC
PEFC/18-31-166

www.pefc.de

CIAO!

Das Grammatikheft zu **Ecco 1** enthält den gesamten Grammatikstoff des ersten Bandes. Die Lektionen des Schülerbuches und des Grammatikhefts tragen jeweils den gleichen Titel, die Grammatikkapitel sind innerhalb der Teillektionen chronologisch geordnet.

In der linken Spalte jeder Seite findest du die italienischen Formen und Beispielsätze, in der rechten Spalte die dazugehörige Erklärung. In diesen Erklärungen werden, wo es sinnvoll ist, Vergleiche mit anderen Sprachen (Deutsch, Englisch, Latein, Französisch) angestellt.

> Das Verb **essere** („sein") ist unregelmäßig.
> Du kannst noch den lateinischen Ursprung erkennen:
> LAT   Infinitiv: esse   1. Sg. sum   3. Sg. est
> ITA   Infinitiv: essere   1. Sg. sono   3. Sg. è

In den grünen **Lerntipp**-Kästen findest du Ratschläge, wie du dir ein Grammatikkapitel besonders gut einprägen kannst.

> **LERNTIPP**
>
> Du erkennst bei allen Verben an der Endung der
> 2. Person Plural die Konjugationsgruppe:
> -ate: are
> -ete: ere
> -ite: ire

Die roten **Denk-daran**-Kästen enthalten kurz gefasste Regeln oder Merksprüche, die du am besten auswendig lernst.

> **DENK DARAN!**   ¡!
>
> Das „h" wird im Italienischen nicht ausgesprochen!

In den orangefarbenen **Weißt-du's?**-Kästen werden kurze Aufgaben zu Grammatikregeln gestellt. Die Lösungen dazu findest du auf Seite 51–54.

> **WEISST DU'S?**   ▸ Lösungen   ¿?
>
> Ergänze den unbestimmten Artikel:
> **piazza, castello, fiume, industria, stadio, albergo***

Am Ende jeder Lektion gibt es unter **Facciamo il punto** Übungen zu den Grammatikthemen der jeweiligen Lektion. Die Lösungen dazu findest du auf Seite 51–54.

Im **Inhaltsverzeichnis** auf den Seiten 4–6 kannst du nachschlagen, welche Themen in den einzelnen Lektionen behandelt werden.

Wenn du einen **grammatischen Begriff** nicht kennst, findest du auf Seite 49–51 italienische Beispiele sowie die deutsche bzw. italienische Entsprechung.

Wenn du gezielt nach einem bestimmten Begriff suchst, schau im **Index** auf Seite 55 nach. Dort findest du eine Liste mit allen grammatischen Begriffen aus diesem Heft. Die Seitenzahlen dahinter zeigen die Fundstelle an.

Der **Anhang** enthält auf Seite 43–44 Hinweise zu Aussprache und Betonung sowie eine Übersicht über die Verbkonjugationen auf Seite 45–49.

Viel Spaß beim Stöbern und Lernen!

INHALTSVERZEICHNIS

3A UN LUNEDÌ NELLA 1^A B

3B IL BLOG DI KHALID

UNITÀ 4 IL TEMPO LIBERO

APPROCCIO

4A WEEKEND A SESTRIERE

4B DOMENICA BIANCA ... E NERA

UNITÀ 5 LA MIA FAMIGLIA

APPROCCIO

5A GLI ANGELI BIONDI

5B VACANZE ROMANE

UNITÀ 6 MODA E CIBO

UNITÀ 7 LE VACANZE ITALIANE

SUPPLEMENTI

APPENDICE

1 BENVENUTI A TORINO

1 Das Substantiv und seine Begleiter | Il sostantivo e i suoi determinanti

der Junge
ein Park
diese Stadt
meine Freunde

Substantive bezeichnen Personen und Dinge. Sie stehen im Italienischen wie im Deutschen fast nie allein. Meist werden sie von anderen Wörtern begleitet, die sie näher bestimmen (Artikel, Possessiv- oder Demonstrativbegleiter).

1.1 Das Substantiv im Singular | Il sostantivo al singolare

♂		♀	
il parc**o**	der Park	la piazz**a**	der Platz
il pont**e**	die Brücke	la ragazz**a**	das Mädchen
l'amic**o**	der Freund	l'industri**a**	die Industrie

la piazza la ragazza l'amico il ponte

Substantive können im Italienischen männlich oder weiblich sein. Meist erkennst du das an der Endung: **-o** ist in der Regel das Kennzeichen für männliche, **-a** das für weibliche Substantive. Es gibt auch die Endung **-e**. Sie kann bei männlichen und weiblichen Substantiven vorkommen.

⚠ Substantive, die im Deutschen männlich sind, können im Italienischen weiblich sein und umgekehrt. Im Unterschied zu Deutsch und Latein gibt es im Italienischen kein Neutrum.

> **LERNTIPP** ➕
>
> Lerne zu jedem Substantiv am besten immer den Artikel mit.

1.2 Der bestimmte Artikel im Singular | L'articolo determinativo al singolare

♂	♀
il fiume	**la** lingua
lo stadio	**la** classe
l'amico	**l'**amica

WEISST DU'S? ▸ Lösungen ¿?

Ergänze den richtigen Artikel: **piazza**, **fiume**, **industria**, **stadio**, **albergo***. * albergo *Hotel*

Der bestimmte Artikel heißt männlich **il** bzw. **lo** und weiblich **la**. Der Artikel **l'** steht vor allen männlichen und weiblichen Substantiven, die mit einem Vokal beginnen.

⚠ Der männliche Artikel **lo** wird nur bei Substantiven verwendet, die mit **z** [dz], **s** + Konsonant, **gn**, **ps**, **y** oder **x** beginnen:

lo **st**udio	das Lernen
lo **z**aino	der Rucksack
lo **y**ogurt	der Joghurt

Im Italienischen wird der bestimmte Artikel im Singular häufiger gebraucht als im Deutschen. Deswegen brauchst du ihn manchmal nicht zu übersetzen:

Mi piace lo sport.   Ich mag Sport.

1A TORINO, VIA PRINCIPE AMEDEO

2 ### Verben mit der Endung -are | I verbi in -are

Infinitiv		parl-**are**	
Singular	1.	p<u>a</u>rl-**o**	ich spreche
	2.	p<u>a</u>rl-**i**	du sprichst
	3.	p<u>a</u>rl-**a**	er/sie/es spricht
Plural	1.	parl-**i<u>a</u>mo**	wir sprechen
	2.	parl-**<u>a</u>te**	ihr sprecht
	3.	p<u>a</u>rl-**ano**	sie sprechen

Die Endungen der Verben auf -**are** lauten -**o**, -**i**, -**a**, **iamo**, **ate**, -**ano**. Sie werden an den Verbstamm angehängt.
Du kannst noch die Endungen der lateinischen **a**-Konjugation erkennen:
LAT   Singular am**o**, am**as**, am**at**
         Plural am**amus**, am**atis**, am**ant**
⚠ Die Singular-Formen und die 3. Person Plural werden auf der Stammsilbe betont. Deshalb nennt man sie **stamm**betont. Die 1. und 2. Person Plural sind **endungs**betont. In der Tabelle sind die Vokale der betonten Silbe unterstrichen.
Den Wechsel zwischen stamm- und endungsbetonten Formen kennst du vielleicht aus dem Französischen:
FRA   j'arr<u>i</u>ve → nous arriv<u>o</u>ns

WEISST DU'S?   ▸Lösungen   **¿?**

Konjugiere **arrivare** und **mangiare** schriftlich. Unterstreiche jeweils die betonte Silbe.

Mi chiam-**o** Alessia.
Ich heiße Alessia. (wörtlich: Ich nenne mich Alessia.)

Ti chiam-**i** Giorgia.
Du heißt Giorgia.

Si chiam-**a** Napoleone.
Er heißt Napoleone.

Das Verb **chiamarsi** („heißen") gehört auch zu den Verben auf -**are**. Es ist aber ein reflexives Verb. Wörtlich heißt es „sich nennen".

3 ### Das Verb stare | Il verbo stare

Infinitiv		stare	
Singular	1.	**sto**	ich befinde mich es geht mir
	2.	**stai**	du befindest dich es geht dir
	3.	**sta**	er/sie/es befindet sich es geht ihm/ihr
Plural	1.	**stiamo**	wir befinden uns es geht uns
	2.	**state**	ihr befindet euch es geht euch
	3.	**stanno**	sie befinden sich es geht ihnen

Das Verb **stare** („sein", „sich befinden", „gehen", „sich fühlen") hat unregelmäßige Formen und mehrere Übersetzungen.

DENK DARAN!   **¡!**

Sto bene: Es geht mir gut.
Sto male: Es geht mir schlecht.

4 Das Verb essere | Il verbo essere

Infinitiv		essere	
Singular	1.	sono	ich bin
	2.	sei	du bist
	3.	è	er/sie/es ist
Plural	1.	siamo	wir sind
	2.	siete	ihr seid
	3.	sono	sie sind

Das Verb **essere** („sein") ist unregelmäßig.
Du kannst noch den lateinischen Ursprung erkennen:
LAT Infinitiv: esse   1. Sg. sum   3. Sg. est
ITA Infinitiv: essere 1. Sg. sono   3. Sg. è

5 Die Subjektpronomen | I pronomi personali soggetto

Singular	1.	io	ich
	2.	tu	du
	3.	lui, lei	er/sie
Plural	1.	noi	wir
	2.	voi	ihr
	3.	loro	sie

Die Subjektpronomen werden wie im Deutschen nur in der 3. Person Singular nach männlich „er" und weiblich „sie" unterschieden. Eine neutrale Form „es" gibt es im Italienischen allerdings nicht.

⚠ Anders als im Deutschen verwendet man im Italienischen normalerweise kein Subjektpronomen. Man erkennt die Person schon an der Endung des Verbs.

Chi abita a Torino? **Tu**?
Wer wohnt in Turin? **Du**?

– Sei Giorgia? – No, **io** sono Anna!
– Bist du Giorgia? – Nein, **ich** bin Anna!

Io parlo italiano, ma **lei** parla italiano, inglese e francese!
Ich spreche Italienisch, aber **sie** spricht Italienisch, Englisch und Französisch!

Das Subjektpronomen wird nur verwendet:
– wenn es alleine steht.
– um etwas klarzustellen.
– um etwas besonders zu betonen.

WEISST DU'S?   ▸Lösungen   ¿?

Welche Subjektpronomen gehören zu den Verbformen?
parlo, è, arrivano, abita, siamo, state

6 Die Verneinung mit non | La negazione con non

Anna **non parla** con Leo, parla con Filippo.
Anna **spricht nicht** mit Leo, sie spricht mit Filippo.

Il ragazzo **non si chiama** Pietro, si chiama Filippo.
Der Junge **heißt nicht** Pietro, er heißt Filippo.

Das Verb wird im Italienischen mit **non** verneint. Es steht direkt vor dem konjugierten Verb. Wenn ein Pronomen dazukommt, z. B. ein Reflexivpronomen wie **si**, steht **non** vor diesem.

DENK DARAN!   ¡!

nein: **no**
nicht: **non**

7 Die Präpositionen a, in, di | Le preposizioni a, in, di

Giorgia abita **a** Torino.
Giorgia wohnt **in** Turin. (Ort)

Torino è **in** Italia.
Turin ist **in** Italien. (Land)

Tornano **in** centro.
Sie gehen **ins** Zentrum zurück. (Richtung)

Filippo è **di** Lecce, **in** Puglia.
Filippo ist **aus** Lecce, **in** Apulien. (Region)

Präpositionen stehen in der Regel vor einem Substantiv und können z. B. Ort, Richtung und Zeit angeben.
Di kann auch einen Genitiv ausdrücken:
la scuola di Giorgia   Giorgias Schule
⚠ Die deutsche Präposition „in" wird im Italienischen nicht immer gleich ausgedrückt. Sie kann **a** (z. B. bei Orten) oder **in** (bei Ländern und Regionen) heißen.

LERNTIPP +

Da die Präpositionen im Italienischen häufig anders eingesetzt werden als im Deutschen, merkst du dir am besten gleich ganze Ausdrücke.

8 Der unbestimmte Artikel im Singular | L'articolo indeterminativo al singolare

♂	♀
un ragazzo	**una** ragazza
un ponte	**una** classe
uno stadio	**un'**amica

un ragazzo   una ragazza

Der unbestimmte Artikel wird bei Personen und Dingen verwendet, die noch nicht näher bekannt oder bestimmt sind. Er heißt für männliche Substantive **un** bzw. **uno**, für weibliche **una**. Die weibliche Form wird vor einem nachfolgenden Vokal apostrophiert: **un'**. Die Form **uno** ist die unbestimmte Form des Artikels **lo**. (▶ 1.2, S. 7)

WEISST DU'S? ▸Lösungen ¿?

Ergänze den unbestimmten Artikel: **piazza, castello, fiume, industria, albergo*** * albergo *Hotel*

1B IN GIRO PER IL QUARTIERE

9 Die Verben mit der Endung -ere | I verbi in -ere

Infinitiv		pr**e**nd-**ere**	
Singular	1.	prend-**o**	ich nehme
	2.	prend-**i**	du nimmst
	3.	prend-**e**	er/sie/es nimmt
Plural	1.	prend-**iamo**	wir nehmen
	2.	prend-**ete**	ihr nehmt
	3.	prend-**ono**	sie nehmen

Die Endungen der Verben auf **-ere** lauten **-o, -i, -e, -iamo, -ete** und **-ono**.
⚠ Bei den Verben auf **-ere** gibt es im Infinitiv zwei Möglichkeiten der Betonung: **-ere** (pr**e**ndere) und **-ere** (ved**e**re). Sie werden aber gleich konjugiert.

WEISST DU'S? ▸Lösungen ¿?

Konjugiere v**e**ndere und ved**e**re schriftlich.

10   Das Substantiv im Plural | Il sostantivo al plurale

♂		♀	
Singular	Plural	Singular	Plural
il ragazzo	i ragazzi	la ragazza	le ragazze
il ponte	i ponti	l'attrazione	le attrazioni
l'amico	gli amici	l'amica	le amiche
lo stadio	gli stadi	la classe	le classi

Männliche Substantive bilden den Plural in der Regel auf **-i**, weibliche auf **-e**.
Männliche und weibliche Substantive, die im Singular auf **-e** enden, haben im Plural ebenfalls die Endung **-i**. Sie ist also immer ein guter Hinweis auf einen Plural.
⚠ Bei der Pluralbildung gibt es einige Unregelmäßigkeiten in Schreibung und Aussprache, z. B.: **amico** [aˈmiːko] – **amici** [aˈmitʃi], **parco** [ˈparko] – **parchi** [ˈparki], **stadio** [ˈstaːdio] – **stadi** [ˈstaːdi], **amica** [aˈmiːka] – **amiche** [aˈmiːke], **arancia*** [aˈrantʃa] – **arance** [aˈrantʃe].   * l'arancia *die Orange*

11   Der bestimmte Artikel im Plural | L'articolo determinativo al plurale

Plural ♂	Plural ♀
i ragazzi	**le** ragazze
gli amici	**le** amiche
gli stadi	**le** squadre*

* la squadra [ˈskuaːdra] *die Mannschaft*

gli edifici
i gelati
le ragazze

Die Pluralformen des männlichen Artikels heißen **i** und **gli**. Für Substantive, die im Singular den Artikel **il** haben, wird **i** verwendet. Für den Singular-Artikel **lo** bzw. **l'** verwendet man **gli**.
Der Plural des weiblichen Artikels heißt immer **le**. Er wird vor Vokalen **nicht apostrophiert**.

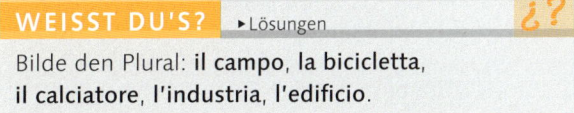
WEISST DU'S?   ▸Lösungen   ¿?

Bilde den Plural: **il campo, la bicicletta, il calciatore, l'industria, l'edificio.**

12   Der Ausdruck *esserci* | L'espressione *esserci*

Infinitiv	esserci	da sein, „geben"
Singular	Qui **c'è** il negozio di papà.	**Da ist** Papas Geschäft.
Plural	**Ci sono** tanti campi sportivi.	**Es gibt** (da)/**Da sind** viele Sportplätze.

Der Ausdruck ist zusammengesetzt aus dem Verb **essere** und dem Adverb **ci** („da", „dort"). Er kommt **nur** in der **3. Person Singular/Plural** vor. Dabei steht **ci** vor dem Verb. Vor **è** wird es zu **c'** apostrophiert. Der Ausdruck **c'è/ci sono** lässt sich mit dem englischen „there is/there are" und dem französischen „il y a" vergleichen.

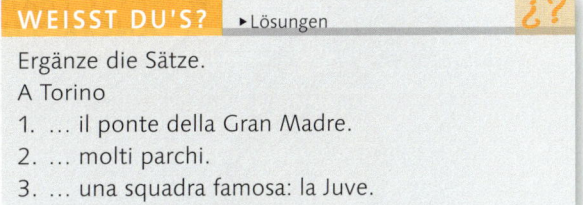

WEISST DU'S?   ▸Lösungen   ¿?

Ergänze die Sätze.
A Torino
1. … il ponte della Gran Madre.
2. … molti parchi.
3. … una squadra famosa: la Juve.

13 Der Satz | La frase

13.1 Der Aussagesatz | La frase affermativa

Subjekt	Verb	Objekt
Gli amici	tornano	in centro.
Filippo	parla	con le ragazze.
(Io)	Prendo	un gelato.

Die normale Wortstellung im Aussagesatz ist Subjekt – Verb – Objekt.
Im Aussagesatz wird die Stimme zum Satzende gesenkt, allerdings nicht ganz so weit wie im Deutschen.

WEISST DU'S? ▸Lösungen ¿?

Ordne die Sätze und lies sie laut vor:
italiano – parla – e francese – Stefano
Gli amici – a Torino – abitano

13.2 Der Fragesatz | La frase interrogativa

a	b
Filippo è di Torino?	Ist Filippo aus Turin?
Dove abita Giorgia?	Wo wohnt Giorgia?
Di dove sei?	Woher bist du?
Come si chiama il gatto?	Wie heißt die Katze?
Chi visita il centro?	Wer besichtigt das Zentrum?
Che cosa guardi?	Was schaust du an?

WEISST DU'S? ¿?

Lies laut vor:
Abito a Torino.
Dov'è Marina?
Le amiche pattinano inline.
Abiti qui adesso?
I ragazzi sono a Torino.
Dove sono i ragazzi?

Es gibt zwei Möglichkeiten der Fragestellung:
a Die Intonationsfrage, bei der die Satzstellung wie im Aussagesatz bleibt und nur die Betonungskurve verändert wird, indem man die Stimme zum Satzende hin hebt.
b Die Fragestellung mit einem Fragewort am Satzanfang. Dabei ändert sich die Satzstellung: Das Subjekt steht hinter dem Verb, außer bei Fragen nach dem Subjekt mit **Chi?** („Wer?") und **Che cosa?** („Was?").
⚠ Wenn das Fragewort **dove** („wo") auf die Verbform **è** („ist") trifft, wird es apostrophiert: **dov'è**.

DENK DARAN! ¡!

Dov'è Filippo? Wo ist Filippo?
Dove sono gli amici? Wo sind die Freunde?

FACCIAMO IL PUNTO ▶Lösungen auf Seite 51

1 **Setze folgende Substantive**

a **in den Plural:** la lingua, il fiume, la classe, lo stadio

b **in den Singular:** i negozi, le partite, gli amici, i ponti

2 **Ergänze die fehlenden Verbformen von**

a **prendere:**

1. Io … un gelato. Voi, che cosa …?

2. Luca … una coca e noi … un tè.

b **essere:**

1. Noi … in centro. Tu, dove …?

2. Io … a casa. Giorgia … qui con me.

c **arrivare:**

1. I ragazzi … alla gelateria. Khalid non … con loro.

2. Noi … dopo la partita. Voi … subito.

3 **Bilde Aussagesätze aus folgenden Elementen:**

1. a – Khalid – Torino – abita

2. negozio – papà – centro – il – è – in – di

3. classe – forse – insieme – siamo – in

4. partite – guardo – le – non – spesso.

4 **Stelle Fragen zu folgenden Aussagen:**

1. Filippo è a Torino.

2. Il gatto si chiama Napoleone.

3. Khalid è l'amico di Leo.

4. Filippo è di Lecce.

5. I ragazzi sono a casa.

6. Anna prende un gelato.

5 **Übersetze:**

1. Giorgia spricht nicht Deutsch.

2. Der Katze geht es nicht gut.

3. Die Schule heißt nicht Liceo Roberti.

4. Die Freunde sind nicht zu Hause.

2 IL MIO MONDO

APPROCCIO

14 Das Verb avere | Il verbo avere

Infinitiv	avere
Singular	1. ho
	2. hai
	3. ha
Plural	1. abbiamo
	2. avete
	3. hanno

Das Verb **avere** („haben") hat ebenfalls unregelmäßige Formen. Es gehört zu den Verben auf -**ere**, die auf der Endung betont werden (▶ 9, S. 10). Du erkennst darin noch das lateinische Ursprungswort **habere**.

DENK DARAN!
Das „h" wird im Italienischen nicht ausgesprochen!

15 Das Verb piacere | Il verbo piacere

Infinitiv	piacere
Singular	**Mi piace** la musica rock. / La musica rock **mi piace**. Ich mag Rockmusik. / Rockmusik gefällt mir.
Plural	**Mi piacciono** le canzoni pop. / Le canzoni pop **mi piacciono**. Ich mag Pop-Songs. / Pop-Songs gefallen mir.

Das Verb **piacere** („gefallen", „mögen") gehört ebenfalls zu den Verben auf -**ere**. Es wird vor allem in der 3. Person Singular und Plural verwendet.
Die Verbfom muss zum Subjekt passen → steht das Subjekt im Plural, muss auch **piacere** in der 3. Person Plural stehen. Achte dabei auf die Doppelung des c.

WEISST DU'S?   ▶Lösungen
Ergänze **mi piace** oder **mi piacciono**:
1. Le lezioni di danza .... 2. ... la storia.
3. ... i gatti. 4. Il centro di Torino ....

16 Die Zahlen 1–100 | I numeri 1–100

1	uno (eine, ein)	20	venti
2	due	21	ventuno
3	tre	22	ventidue
4	quattro	23	ventitré
5	cinque	24	ventiquattro
6	sei	25	venticinque
7	sette	26	ventisei
8	otto	27	ventisette
9	nove	28	ventotto
10	dieci	29	ventinove
11	undici	30	trenta
12	dodici	40	quaranta
13	tredici	50	cinquanta
14	quattordici	60	sessanta
15	quindici	70	settanta
16	sedici	80	ottanta
17	dicia**ss**ette	90	novanta
18	diciotto	100	cento
19	dicia**nn**ove		

Die Zahlen sind unveränderlich. Nur **uno** wird vor einem Substantiv als unbestimmter Artikel verändert. (▶ 8, S. 10)

⚠ Bei den Zahlen 21 und 28, 31 und 38 usw. fällt der Endvokal der Zehnerzahl weg. Die Zahlwörter heißen dann folglich **ventuno**, **ventotto**, **trentuno**, **trentotto** usw. und werden immer zusammengeschrieben.

WEISST DU'S?   ▶Lösungen
Schreibe folgende Zahlen aus und lies sie laut vor:
41, 53, 66, 78.

2A MAMMA CHE CAOS!

17 Die Demonstrativbegleiter und -pronomen | Gli aggettivi e i pronomi dimostrativi

	♂	♀
Singular	**questo** caos	**questa** borsa
Plural	**questi** asciugamani	**queste** riviste

> **WEISST DU'S?** ▸Lösungen ¿?
>
> Ergänze die passenden Demonstrativbegleiter:
> canzoni, compiti, televisore, snowboard,
> merenda.

Die Demonstrativbegleiter **questo** („dieser", „dieses")
und **questa** („diese") weisen auf bestimmte Personen
oder Dinge hin. Sie stehen vor dem Substantiv.
Demonstrativbegleiter ersetzen den Artikel vor einem
Substantiv.
Cerco **uno** zain**o**, prendo quest**o**.
Ich suche einen Rucksack – ich nehme diesen.
Cerco **una** bors**a**, prendo quest**a**.
Ich suche eine Tasche – ich nehme diese.
Auch als Pronomen richten sich **questo** und **questa**
nach dem Substantiv, auf das sie sich beziehen:
Questo è lo zain**o** di Filippo. Das ist Filippos Rucksack.

18 Die Possessivbegleiter (1) | Gli aggettivi possessivi (1)

	♂	♀
Singular	**il mio** compito	**la mia** rivista
	il tuo compito	**la tua** rivista
	il suo compito	**la sua** rivista
Plural	**i miei** compiti	**le mie** riviste
	i tuoi compiti	**le tue** riviste
	i suoi compiti	**le sue** riviste

> **WEISST DU'S?** ▸Lösungen ¿?
>
> Ergänze die richtigen Possessivbegleiter:
> 1. Filippo porta … gatto.
> 2. Giorgia torna con … amiche.
> 3. Prendo … pattini.
> 4. Cerchi … fon?

Possessivbegleiter geben den Besitzer an: „mein(e)",
„dein(e)", „sein(e)". Sie stehen immer vor dem
Substantiv, auf das sie sich beziehen und passen sich
diesem in Genus (männlich, weiblich) und Numerus
(Singular, Plural) an. Zum Possessivbegleiter gehört in
der Regel auch der passende Artikel.
⚠ In der 3. Person unterscheidet man – anders als im
Deutschen – nicht, ob der Besitzer männlich oder
weiblich ist. „seine Hausaufgabe" heißt also genauso
wie „ihre Hausaufgabe": **il suo compito**.
Das kennst du auch aus dem Französischen:
Annie cherche son livre. Annie sucht ihr Buch.
Paul cherche son livre. Paul sucht sein Buch.

lo zaino	**il mio** zaino	mein Rucksack
l'amico	**il suo** amico	ihr/sein Freund
l'età	**la tua** età	dein Alter

⚠ Auch Substantive mit dem Artikel **lo** bzw. **l'**
bekommen durch den Possessivbegleiter den Artikel
il bzw. **la**.

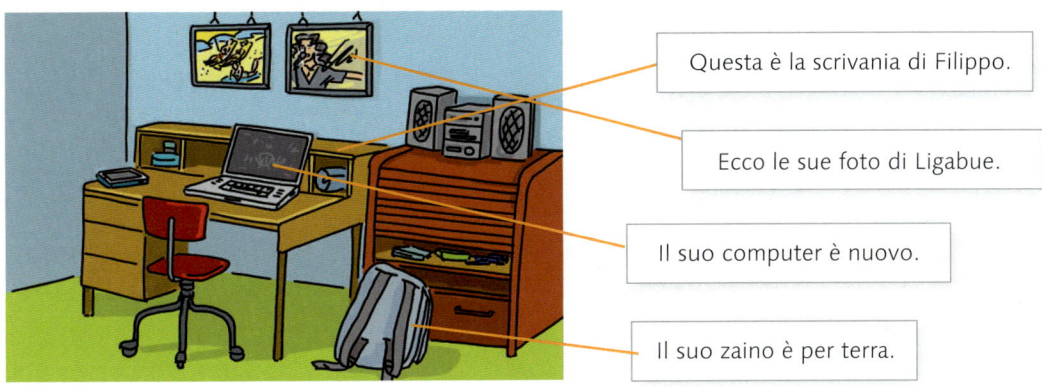

Questa è la scrivania di Filippo.

Ecco le sue foto di Ligabue.

Il suo computer è nuovo.

Il suo zaino è per terra.

19 Die präpositionalen Fügungen | Le preposizioni articolate

su	La borsa è **sul** tavolo. Die Tasche ist **auf dem** Tisch.
sotto	Il pallone è **sotto** la sedia. Der Ball ist **unter** dem Stuhl.
accanto a	Gli asciugamani sono **accanto alla** vasca. Die Handtücher sind **neben** der Wanne.
da	Mamma torna **dal** mercato. Mama kommt **vom** Markt zurück.

su („auf"), **sotto** („unter"), **accanto a** („neben") und **da** („von", „aus") sind Präpositionen zur Ortsangabe. Mit Ausnahme von **sotto** verbinden sie sich mit dem Artikel des nachfolgenden Substantivs. Diese Verbindungen bezeichnet man als **preposizioni articolate**.

+	il	lo	l'	la	i	gli	le
a	al	allo	all'	alla	ai	agli	alle
su	sul	sullo	sull'	sulla	sui	sugli	sulle
da	dal	dallo	dall'	dalla	dai	dagli	dalle
di	del	dello	dell'	della	dei	degli	delle
in	nel	nello	nell'	nella	nei	negli	nelle

Die Verbindung erfolgt nach diesem Muster.

⚠ Bei **di** und **in** ergeben sich besondere Formen. Sonderformen wie **a scuola** („in die/der Schule") oder **in centro** („im/ins Zentrum") lernst du am besten auswendig.

WEISST DU'S? ▸Lösungen ¿?

Schreibe die richtigen Verbindungen auf:
a + parco, da + scuola, in + armadio, su + pattini

2B IN CAMERA DI FILIPPO

20 Die Verben auf -ire | I verbi in -ire

Infinitiv		**dormire**
Singular	1.	d<u>o</u>rm-o
	2.	d<u>o</u>rm-i
	3.	d<u>o</u>rm-e
Plural	1.	dorm-**iamo**
	2.	dorm-**ite**
	3.	d<u>o</u>rm-**ono**

Eine dritte Gruppe von Verben hat die Infinitiv-Endung -ire wie **dormire** („schlafen"). Die Endungen werden an den Stamm angehängt und heißen: **-o, -i, -e, -iamo, -ite, -ono**. Auch bei den Verben auf -ire sind die 1. und 2. Person Plural endungsbetont.

LERNTIPP +

Du erkennst bei allen Verben an der Endung der 2. Person Plural die Konjugationsgruppe:
-ate: -are, -ete: -ere, -ite: -ire

WEISST DU'S? ▸Lösungen ¿?

Konjugiere die Verben **sentire** und **partire**.

Il gatto dorm**e sul** letto.

I genitori dor**mono sulle** sedie a sdraio **in** spiaggia.

21 Das Verb andare | Il verbo andare

Infinitiv		andare
Singular	1.	vado
	2.	vai
	3.	va
Plural	1.	andiamo
	2.	andate
	3.	vanno

andare („gehen", „fahren") ist ein unregelmäßiges Verb auf -are.
⚠ Das Verb **andare** wird auch mit der Bedeutung „fahren" gebraucht: **andare in treno/macchina/bici** → mit dem Zug/Auto/Fahrrad fahren. Diese Verwendung kennst du schon aus dem Englischen von „go by train/car/bike".
Außerdem sagt man **va bene** für „geht in Ordnung", „(es) ist ok".

22 Das Adjektiv und seine Formen | L'aggettivo e le sue forme

lo stadio pieno	das volle Stadion → attributiver Gebrauch
lo stadio è pieno	das Stadion ist voll → prädikativer Gebrauch

Adjektive geben die Eigenschaften von Personen und Dingen an. Sie können Substantive direkt (attributiv) oder als Satzergänzung (prädikativ) kennzeichnen. In beiden Fällen müssen sie an das Substantiv angeglichen werden.

nuovo („neu")		
	♂	♀
Singular	Il libro è nuovo.	La casa è nuova.
Plural	I libri sono nuovi.	Le case sono nuove.

Adjektive können wie Substantive im Singular eine männliche Endung -o oder eine weibliche Endung -a haben. Der Plural hat ebenfalls zwei Endungen: männlich -i und weiblich -e. Das Adjektiv wird in Numerus und Genus dem Substantiv angeglichen.
⚠ Es kann auch zu unterschiedlichen Endungen zwischen Substantiv und Adjektiv kommen:
Il pallone è nuovo. → männliches Substantiv im Singular + Adjektiv auf -o
La canzone è nuova. → weibliches Substantiv im Singular + Adjektiv auf -a

WEISST DU'S?   ▸ Lösungen   ¿?

Ergänze die richtigen Formen des Adjektivs **piccolo** („klein").
1. La camera è ....
2. Le foto sono ....
3. Il televisore è ....
4. Gli armadi sono ....

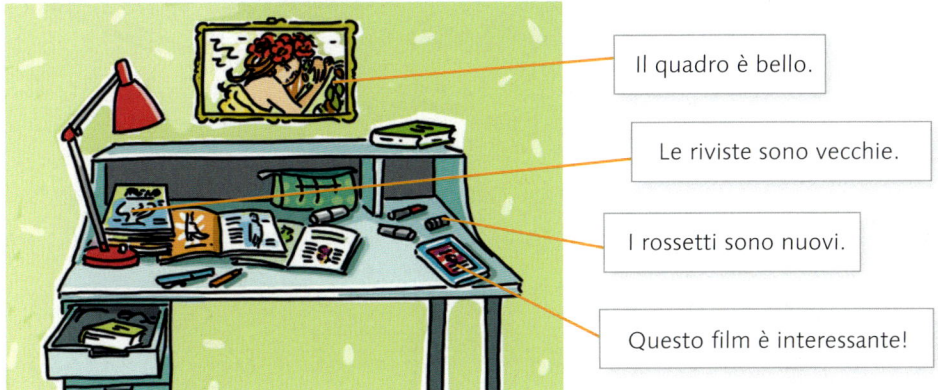

Il quadro è bello.

Le riviste sono vecchie.

I rossetti sono nuovi.

Questo film è interessante!

grande („groß", „großartig")

	♂	♀
Singular	Il bagno è grande.	La cucina è grande.
Plural	I bagni sono grandi.	Le cucine sono grandi.

Es gibt auch Adjektive, die nur zwei Endungen haben. Diese sind für die männliche und weibliche Form gleich. Sie enden auf -e im Singular und auf -i im Plural.

WEISST DU'S? ▸Lösungen ¿?

Ergänze die richtigen Formen des Adjektivs **grande** („groß", „großartig").
1. La casa è ....
2. Il televisore è ....
3. I poster sono ....
4. Le borse sono ....

23 Substantive mit besonderen Endungen | Sostantivi con desinenze particolari

	♂	♀
Singular	il caffè il bar	la città la foto
Plural	i caffè i bar	le città le foto

Substantive, die auf einen Konsonant oder betonten Vokal enden sowie abgekürzte Formen (**la foto** = **la fotografia**) haben keine Pluralform. Häufig handelt es sich dabei um einsilbige Substantive wie **il bar** oder um Fremdwörter wie **il laser** (engl. „der Laser").
⚠ Du erkennst den Plural bei diesen Wörtern nur am Artikel.

WEISST DU'S? ▸Lösungen ¿?

Bilde den Plural: il bus, lo smartphone, la bici.

Le foto della nostra vacanza in Italia.

FACCIAMO IL PUNTO ▶Lösungen auf Seite 52

1   **Schreibe die passenden Verbformen zu den Pronomen auf.**

1. loro: sentire, andare, avere

2. tu: andare, dormire, giocare

2   **Ergänze die richtigen Formen der Possessivpronomen.**

1. La mamma non trova ... rossetti.

2. Greta cerca ... borsa.

3. Filippo gioca con ... pallone.

4. Anna mette in ordine ... libri.

3   **Übersetze:**

1. Der Fußball ist ...

   ... unter dem Tisch.

   ... neben dem Stuhl.

   ... im Zimmer.

2. Das ist die Tasche ...

   ... von Giorgia.

   ... der Lehrerin.

   ... der Freundin.

3. Die Bücher sind ...

   ... im Rucksack.

   ... auf dem Regal.

   ... im Korridor.

4. Greta geht ...

   ... in die Schule.

   ... in die Eisdiele.

   ... ins Zentrum.

4   **Setze die Sätze**

a **in den Plural:**

1. Lo zaino è grande.

2. Il corridoio è pieno.

3. La foto è piccola.

4. Il cellulare è nuovo.

b **in den Singular:**

1. Gli asciugamani sono grandi.

2. I rossetti sono belli.

3. I libri sono utili.

4. Le vasche sono vuote.

24   Die Uhrzeit | L'ora

Che ore sono? – Sono le …/È l'una …

… **meno** cinque.
… **meno** dieci.
… **meno** un quarto.
… **meno** venti.

… **e** cinque.
… **e** dieci.
… **e** un quarto.
… **e** venti.

Die Uhrzeit wird mit dem femininen Artikel im Plural angegeben, weil sie sich auf **le ore** („die Stunden") bezieht. Nur **l'una** („ein Uhr") steht im Singular.
Die Minuten werden mit **e** („und") angefügt: **Sono le quattro e venti.** Es ist zwanzig nach vier.
⚠ „Halb" heißt eigentlich **mezza**, angeglichen an **ora**. Da man **ora** bzw. **ore** aber in der Umgangssprache weglässt, sagt man in der Regel **mezzo**.

Sono le due **e** mezzo.
Es ist halb drei.

Sono le tre **meno** venti.
Es ist zwanzig vor drei.

Zeiteinheiten innerhalb einer Stunde werden bis „halb" zur vergangenen Stunde gerechnet; ab 40 Minuten („20 vor") von der folgenden Stunde abgezogen.
⚠ Die Zeit zwischen „halb" und „40" wird in Minuten ausgedrückt. Sie zählt noch zur vergangenen Stunde: **Sono le cinque e trentotto.** Es ist 5.38 Uhr.

È **mezzogiorno** e venti.
Es ist 20 nach 12 Uhr (mittags).

È **mezzanotte** meno dieci.
Es ist 10 vor 12 Uhr (Mitternacht).

Für 12 Uhr können auch **mezzogiorno** („Mittag") und **mezzanotte** („Mitternacht") verwendet werden. Die Minuten werden wie bei den Stunden angehängt bzw. abgezogen.

Sono **le** (ore) **venti e quindici.**
Es ist 20.15 Uhr.

Sono **le** (ore) **sedici e cinquanta.**
Es ist 16.50 Uhr.

Bei offiziellen Zeitangaben (Radio, Fernsehen, Zuginformationen) werden, wie im Deutschen, immer die Stunden von 0–24 und die Minuten von 1–60 durchgezählt.

WEISST DU'S?   ▸Lösungen   ¿?

Gib die Uhrzeiten in der umgangssprachlichen und in der offiziellen Weise an: 8.40, 12.15, 14.30, 17.20, 0.15.

24.1 Zeitangaben mit Präpositionen | Indicazioni di tempo con preposizioni

Khalid arriva **alle** 8.20.
Khalid kommt um 8.20 Uhr an.

La lezione dura **dalle** 8.15 **alle** 9.10.
Die Stunde dauert von 8.15 bis 9.10 Uhr.

Die Zeitangabe „um" wird mit der Präposition **a** ausgedrückt. Die Zeitspanne „von … bis" heißt **da … a**. Da die Uhrzeit mit dem Artikel **le** ausgedrückt wird, wird er mit den Präpositionen zu **dalle** und **alle** verbunden. (▶ 19, S. 16)

⚠ Bei **l'una** gelten die Regeln für den apostrophierten Artikel:
La pausa dura dall'una alle due. Die Pause dauert von eins bis zwei.
Mangiamo all'una. Wir essen um eins.
Bei **mezzogiorno** und **mezzanotte** steht kein Artikel:
Mangiamo a mezzogiorno e mezzo. Wir essen um halb eins.

24.2 Tageszeiten | Momenti della giornata

la mattina	**am** Morgen, morgens, der Morgen
il pomeriggio	**am** Nachmittag, nachmittags, der Nachmittag
la sera	**am** Abend, abends, der Abend
la notte	**in der** Nacht, nachts, die Nacht

Zeitangaben, bei denen nur eine Tageszeit genannt ist, erfolgen immer mit dem bestimmten Artikel.
DEU morgens   ITA la mattina   FRA le matin

25 Die Wochentage | I giorni della settimana

lunedì	Montag
martedì	Dienstag
mercoledì	Mittwoch
giovedì	Donnerstag
venerdì	Freitag
s**a**bato	Samstag
dom**e**nica	Sonntag

Mit Ausnahme von **domenica** sind die Wochentage männlich.

25.1 Zeitangaben mit Wochentagen | Indicazioni di tempo con i giorni della settimana

Lunedì non abbiamo ginnastica.
Am/Diesen Montag haben wir keinen Sport.

Il lunedì non abbiamo ginnastica.
Montags haben wir keinen Sport/nie Sport.

Bei Zeitangaben steht der Wochentag ohne Artikel. Nur wenn es sich um ein regelmäßig stattfindendes Ereignis handelt, verwendest du den Artikel.

25.2   **Die Stellung von Wochentagen im Satz | I giorni della settimana nella frase**

Lunedì abbiamo ginnastica.
Am Montag haben wir Sport. (Aussage)

(Quando avete ginnastica?)
Abbiamo ginnastica lunedì.
Wir haben am Montag Sport. (Aussage und Antwort)

Zeitangaben können am Anfang oder am Ende eines Satzes stehen. Wenn sie die wichtigste Information darstellen, also z. B. die Antwort auf eine Frage sind, stehen sie am Ende.

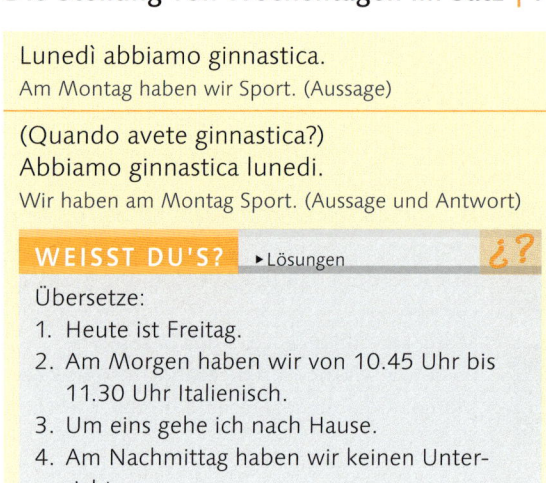

WEISST DU'S?   ▸Lösungen   **¿?**

Übersetze:
1. Heute ist Freitag.
2. Am Morgen haben wir von 10.45 Uhr bis 11.30 Uhr Italienisch.
3. Um eins gehe ich nach Hause.
4. Am Nachmittag haben wir keinen Unterricht.

26   **Die Ordnungszahlen | I numeri ordinali**

1°, 1ª	il primo, la prima
2°, 2ª	il secondo, la seconda
3°, 3ª	il terzo, la terza
4°, 4ª	il quarto, la quarta
5°, 5ª	il quinto, la quinta
6°, 6ª	il sesto, la sesta
7°, 7ª	il settimo, la settima
8°, 8ª	l'ottavo, l'ottava
9°, 9ª	il nono, la nona
10°, 10ª	il decimo, la decima

Der Plural der Ordnungszahlen wird männlich mit **-i** und weiblich mit **-e** gebildet (**i primi**, **le prime**, …). Sie werden wie Adjektive behandelt, richten sich also in ihrer Form nach dem Substantiv, auf das sie sich beziehen. (▸ 22, S. 17) Zu ihnen gehört auch der entsprechende Artikel.
⚠ Die Ordnungszahlen werden oft abgekürzt geschrieben: 1°, 1ª, oder auch mit der römischen Zahl I°, Iª; aber nicht wie im Deutschen mit einem Punkt.

WEISST DU'S?   ▸Lösungen   **¿?**

Lies laut vor:
il 1° giorno, la 6ª ora, la 5ª foto, il 3° caffè, l'8° posto

3A   UN LUNEDÌ NELLA 1ª B

27   **Die Verben auf -ire mit Stammerweiterung | I verbi in -ire con il suffisso -isc**

Infinitiv		**capire**
Singular	1.	cap-**isc**-o
	2.	cap-**isc**-i
	3.	cap-**isc**-e
Plural	1.	cap-i̱amo
	2.	cap-i̱te
	3.	cap-**isc**-ono

Einige Verben auf **-ire**, z. B. **capire** („verstehen"), **finire** („beenden") und **restituire** („zurückgeben"), erhalten in den Formen des Singulars und in der 3. Person Plural eine Stammerweiterung: zwischen den Stamm und die Endung wird die Silbe **-isc-** eingeschoben.
⚠ Dabei verändert sich bei der 2. und 3. Person Singular die Aussprache:
capisco [ka'pisko] ≠ capisci [ka'piʃi], capisce [ka'piʃe]
⚠ Bei der 1. und 2. Person Plural gibt es die Stammerweiterung nicht.

WEISST DU'S?   ▸Lösungen   **¿?**

Konjugiere **finire** und **restituire** schriftlich.

28 Das Verb fare | Il verbo fare

Infinitiv		fare
Singular	1.	faccio
	2.	fai
	3.	fa
Plural	1.	facciamo
	2.	fate
	3.	fanno

Die Formen von **fare** („machen") sind unregelmäßig. In der 1. Person Singular und Plural erkennst du noch das lateinische Ursprungswort „facere".

29 Der Imperativ | L'imperativo

29.1 Die Formen des Imperativs | Le forme dell'imperativo

Infinitiv	prend**ere**	sent**ire**	parl**are**
Singular	Prendi! Nimm!	Senti! Höre!	Parla! Sprich!
Plural	Prend**ete**! Nehmt!	Sent**ite**! Hört!	Parl**ate**! Sprecht!

Der Imperativ, also die Befehlsform, entspricht der 2. Person Singular oder Plural. Nur bei den Verben auf -are endet der Imperativ im Singular auf **-a**: Guard**a**! („Schau!"), Aspett**a**! („Warte!").
Auch die 1. Person Plural kann als Imperativ dienen: **Andiamo a casa!** Gehen wir nach Hause! Du kennst diesen Gebrauch auch aus dem Französischen: „Allons!"
⚠ Bei einigen Verben wird der Imperativ im Singular oft um das **-i** verkürzt:
fare: fai / fa' – dare: dai / da' – stare: stai / sta' – andare: vai / va'

29.2 Der verneinte Imperativ | L'imperativo con la negazione

Infinitiv	**parlare**	**dormire**
Singular	Non parlare! Sprich nicht!	Non dormire! Schlaf nicht!
Plural	Non parlate! Sprecht nicht!	Non dormite! Schlaft nicht!

Die Verneinung des Imperativs bildest du im Singular mit **non** + Infinitiv. Im Plural setzt du einfach ein **non** vor die Imperativ-Form.

WEISST DU'S? ▸ Lösungen   ¿?

1. Bilde den Imperativ im Singular und Plural: cominciare, partire, correre, finire, fare
2. Verneine die Imperative.

3B   IL BLOG DI KHALID

30   Das Verb dare | Il verbo dare

Infinitiv		dare
Singular	1.	do
	2.	dai
	3.	dà
Plural	1.	diamo
	2.	date
	3.	danno

Das Verb **dare** („geben") ist unregelmäßig. Die Endungen werden direkt an den Stammkonsonanten **d-** angehängt.
⚠ Achte auf den Akzent der 3. Person Singular, der das Verb von der Präposition **da** unterscheidet.

31   Das Verb dire | Il verbo dire

Infinitiv		dire
Singular	1.	dico
	2.	dici
	3.	dice
Plural	1.	diciamo
	2.	dite
	3.	dicono

Auch das Verb **dire** („sagen") ist unregelmäßig. Du kannst hier im Präsens noch einige Spuren des lateinischen Ursprungsverbs „dicere" finden.

32   Das indirekte Objekt | L'oggetto indiretto

Filippo dà il libro **a** Lisa.
Filippo gibt Lisa das Buch.

Lisa dà il libro **alla** sua amica.
Lisa gibt das Buch ihrer Freundin.

Einige Verben, wie z. B. **dare** („geben"), erfordern ein indirektes Objekt (wem?). Dieses wird in der Regel mit der Präposition **a** verwendet. Folgt darauf ein Substantiv, so wird **a** mit dem jeweiligen Artikel zu einer präpositionalen Fügung zusammengezogen. (▶ 19, Seite 16)
Diese Verwendung kennst du so auch aus dem Englischen:
ENG   John gives the book to Frances.

Il professore dà delle informazioni agli studenti.

33 Die Wortstellung im Aussagesatz mit zwei Objekten | La frase con due oggetti

Subjekt	Verb	direktes Objekt	indirektes Objekt
		Akkusativ: Wen?/Was?	Dativ: Wem?
Il prof	spiega	le regole	agli studenti.
Giorgia	scrive	un sms	a Khalid.

Wenn ein Aussagesatz zwei Objekte hat, steht zuerst das direkte und dann das indirekte Objekt.
Diese Reihenfolge kennst du auch aus dem Französischen:
Le professeur donne le livre (direktes Objekt) à un élève (indirektes Objekt).

Leo ascolta la musica rock del gruppo di Khalid.

FACCIAMO IL PUNTO ►Lösungen auf Seite 52

1 Notiere den Imperativ im Singular.

1. dire   2. finire   3. andare   4. mettere   5. cercare   6. dormire

2 Bring die Satzteile in die richtige Reihenfolge.

1. alle cinque – i compiti – Khalid – finisce

2. al bar – un gelato – prendo

3. un libro – Giorgia – di storia – legge

4. sport – facciamo – non – in palestra – spesso

5. le regole – il professore – agli studenti – spiega

3 Ergänze die richtigen Verbformen.

fare
1. Loro … esperimenti.

2. Tu non … i compiti?

3. Voi … ginnastica in palestra.

dire
1. Io … tutto a Mario.

2. Lei … sempre sì.

3. Noi … «Buona notte».

4 IL TEMPO LIBERO

APPROCCIO

34 Nebensätze mit quando und perché | Frasi subordinate con quando e perché

> **Quando** ho tempo vado allo stadio.
> (Temporalsatz)
> **Wenn** ich Zeit habe, gehe ich ins Stadion.

> Suono la chitarra **perché** mi piace la musica.
> (Kausalsatz)
> Ich spiele Gitarre, **weil** es mir gefällt.

WEISST DU'S? ▸Lösungen	¿?

1 Gib in einem Satzgefüge Begründungen zu diesen Aussagen:
  a (Non) gioco a pallone.
  b (Non) mi piace la filosofia.
2 Mache in einem Satzgefüge zeitliche Angaben zu diesen Aussagen:
  a (Non) guardo la tv.
  b (Non) vado in montagna.

In einem Satzgefüge kann die Aussage des Hauptsatzes durch eine zeitliche Eingrenzung (Temporalsatz) oder durch eine Begründung (Kausalsatz) im Nebensatz erläutert werden.
Ein temporaler Nebensatz kann mit **quando** eingeleitet werden.
⚠ In einem Satzgefüge im Präsens oder Futur wird **quando** mit „wenn" übersetzt, in den Zeiten der Vergangenheit mit „als".
Ein kausaler Nebensatz kann mit **perché** eingeleitet werden.
⚠ Er steht in der Regel nicht am Satzanfang und wird nicht durch Komma vom Hauptsatz getrennt.

35 Das Verb spielen | Il verbo giocare/suonare

> Filippo **gioca** a calcio.
> Filippo **spielt** Fußball.

> Khalid **suona** la chitarra.
> Khalid **spielt** Gitarre.

Für das deutsche Verb „spielen" gibt es im Italienischen zwei Entsprechungen. Wenn du sagen willst
1. „ein Spiel spielen", dann verwendest du das Verb **giocare**.
2. „ein Instrument spielen", dann nimmst du das Verb **suonare**.
Am besten lernst du beide immer gleich im Zusammenhang: **giocare a pallavolo / a carte** („Volleyball/Karten spielen"), aber **suonare il pianoforte/flauto** („Klavier/Flöte spielen").
⚠ **giocare** steht immer mit der Ergänzung **a**.

4A WEEKEND A SESTRIERE

36 Das Verb venire | Il verbo venire

Infinitiv		**venire**
Singular	1.	**vengo**
	2.	**vieni**
	3.	**viene**
Imperativ		**Vieni!**
Plural	1.	**veniamo**
	2.	**venite**
	3.	**vengono**
Imperativ		**Venite!**

Das Verb **venire** („kommen, mitkommen") ist nur in der 1. und 2. Person Plural regelmäßig.

RAGAZZE, DOMANI LEO **VIENE** DA ME – **VENITE** ANCHE VOI?

37 Die Modalverben | I verbi modali

Infinitiv		**dovere**	**volere**
Singular	1.	**devo**	**voglio**
	2.	**devi**	**vuoi**
	3.	**deve**	**vuole**
Plural	1.	**dobbiamo**	**vogliamo**
	2.	**dovete**	**volete**
	3.	**devono**	**vogliono**

Infinitiv		**potere**
Singular	1.	**posso**
	2.	**puoi**
	3.	**può**
Plural	1.	**possiamo**
	2.	**potete**
	3.	**possono**

Die Modalverben **dovere** („müssen", „sollen"), **volere** („wollen") und **potere** („können") gehören zur Konjugation auf **-ere**. Im Präsens sind ihre Formen alle unregelmäßig. Du solltest sie deshalb einzeln lernen. Mit **dovere**, **potere** und **volere** kannst du ausdrücken, ob du etwas tun „musst", „kannst" oder „willst".

PIA **VUOLE** IMPARARE A SCIARE …

… MA **NON PUÒ** ANDARE IN MONTAGNA.

Devo aiutare papà.
Ich **muss** Papa helfen

Non **posso** venire.
Ich **kann** nicht (mit)kommen.

Voglio imparare a sciare.
Ich **will** Skifahren lernen.

WEISST DU'S? ▶ Lösungen ¿?
Übersetze:
1. Ich muss gehen.
2. Er kann nicht kommen.
3. Sie wollen Fußball spielen.

⚠ Wie im Deutschen haben die konjugierten Formen des Modalverbs ihren Platz **vor** dem Vollverb, das im Infinitiv steht. Diese Verbindung darf allerdings, anders als im Deutschen, nicht durch die Verneinung oder ein Objekt(pronomen) unterbrochen werden:

Non posso venire.	Ich kann nicht kommen.
Voglio vedere la partita.	Ich will das Spiel sehen.

⚠ In der verneinten Form wird **dovere** meist mit „dürfen" übersetzt:

Devi andare.	Du musst gehen.
Non devi andare.	Du darfst nicht gehen.

38 Das Verb sapere | Il verbo sapere

Infinitiv		sapere
Singular	1.	so
	2.	sai
	3.	sa
Plural	1.	sappiamo
	2.	sapete
	3.	sanno

Auch **sapere** („wissen") gehört zu den unregelmäßigen Verben auf **-ere**. Achte besonders auf die Schreibweise im Plural: **sappiamo**, aber **sapete**.
sapere kann als **Vollverb** allein vorkommen:
– **Quando vieni?**   – Wann kommst du?
– **No lo so.**   – Ich weiß es nicht.

39 Der Gebrauch von sapere und potere | L'uso di sapere e potere

Khalid **sa** sciare, ma non **può** venire perché non ha tempo.
Khalid **kann** Ski fahren, aber er **kann** nicht mitkommen, weil er keine Zeit hat.

La mamma di Anna **sa** cantare molto bene, ma oggi non **può** cantare perché sta male.
Annas Mutter **kann** sehr gut singen, aber heute **kann** sie nicht singen, weil es ihr nicht gut geht.

Im Italienischen gibt es zwei Verben für das deutsche Wort „können". **potere** benutzt man, wenn man etwas körperlich oder wegen besonderer Umstände tun bzw. nicht tun kann. **sapere** benutzt man für „können", wenn damit etwas Erlerntes gemeint ist.
Du kennst diese Unterscheidung schon aus dem Französischen:
FRA   – Tu **sais** danser? – Oui, mais je ne **peux** pas.
          J'ai mal à la jambe.
sapere kann auch als <u>Modalverb</u> in Verbindung mit einem Infinitiv stehen:
Sai suonare la chitarra? Kannst du Gitarre spielen?

WEISST DU'S?   ▸Lösungen   ¿?

Übersetze:
Leo kann oft ins Gebirge fahren.
Er kann gut Snowboard fahren.

40 Das Perfekt (1) | Il passato prossimo (1)

40.1 Die Bildung des Perfekt mit avere | Il passato prossimo con avere

Infinitiv		preparare („vorbereiten")
Singular	1.	ho preparato
	2.	hai preparato
	3.	ha preparato
Plural	1.	abbiamo preparato
	2.	avete preparato
	3.	hanno preparato

Das **passato prossimo** mit **avere** ist eine Zeit der Vergangenheit. Wie das Perfekt im Deutschen wird es aus einer konjugierten Form von **avere** im Präsens und dem unveränderlichen Partizip Perfekt zusammengesetzt.
Die Verneinung **non** steht vor dem konjugierten Teil des **passato prossimo**:
Non ho sentito il telefono.
Ich habe das Telefon nicht gehört.

40.2 Das Partizip Perfekt | Il participio passato

Infinitiv	Partizip Perfekt
prepar**are**	prepar-**ato**
sap**ere**	sap-**uto**
fin**ire**	fin-**ito**

Das <u>Partizip Perfekt</u> wird aus dem Stamm des Infinitivs und einer Nachsilbe gebildet. Diese heißt **-ato** für die Verben auf **-are**, **-uto** für die Verben auf **-ere** und **-ito** für die Verben auf **-ire**.
⚠ Einige Partizipien der Verben mit **avere** sind unregelmäßig, z. B. prendere – preso, perdere – perso/perduto, scrivere – scritto.

WEISST DU'S? ▸Lösungen ¿?

Bilde das Partizip Perfekt:
dimenticare, organizzare, suonare, sentire, vendere

4B DOMENICA BIANCA … E NERA

41 Das Perfekt (2) | Il passato prossimo (2)

41.1 Die Bildung des passato prossimo mit essere | Il passato prossimo con essere

Filippo **è andato** in montagna.
Filippo **ist** in die Berge **gefahren**.

Anche Giorgia **è andata** in montagna.
Auch Giorgia **ist** in die Berge **gefahren**.

Gli amici **sono andati** a sciare.
Die Freunde **sind** Ski fahren **gegangen**.

Le signore **sono andate** al concerto.
Die Damen sind ins Konzert gegangen.

Il film **mi è piaciuto**.
Der Film hat mir gefallen.

Questi libri **non mi sono piaciuti**.
Diese Bücher haben mir nicht gefallen.

Giorgia **si è divertita** bene alla festa.
Giorgia hat sich bei der Feier gut amüsiert.

Anche gli amici **si sono divertiti**.
Auch die Freunde haben sich gut amüsiert.

Einige Verben bilden das **passato prossimo** mit **essere** (▸ 40, Seite 28). Dabei wird das Partizip in Numerus und Genus genau wie ein Adjektiv an das entsprechende Subjekt angeglichen. Wenn der Plural ein weibliches und ein männliches Subjekt umfasst, ist die Endung immer **-i**:
Leo, Giorgia e Anna sono andati a Sestriere.
Leo, Georgia und Anna sind nach Sestriere gefahren.
Verben, die das **passato prossimo** mit **essere** bilden, geben häufig eine Bewegungsrichtung an.
sono partito/-a   ich bin weggegangen
⚠ Wenn eine Bewegungsart gemeint ist, verwendet man **avere**:
ho sciato   ich bin Ski gefahren

Beachte, dass auch das Verb **piacere** („gefallen") sowie die reflexiven Verben (▸ 55.1, S. 38) das **passato prossimo** mit **essere** bilden.

41.2 Unregelmäßige Partizipien | Participi irregolari

Infinitiv	Partizip Perfekt
essere	**stato/a**
scendere	**sceso/a**
rimanere	**rimasto/a**

Viele Verben auf **-ere** haben ein unregelmäßiges Partizip Perfekt.

LERNTIPP

Wenn du ein neues Verb lernst, lerne das Partizip immer gleich mit.

41.3   Die Stellung von già und ancora | Già e ancora nella frase

> Ho **già** preparato lo snowboard.
> Ich habe das Snowboard **schon** vorbereitet.
>
> Non ho **ancora** visto il nuovo film con Stefano Accorsi.
> Ich habe den neuen Film mit Stefano Accorsi **noch nicht** gesehen.

Die Wörter **già** („schon", „bereits") und **ancora** („nochmals", „noch") bilden eine Ausnahme im **passato prossimo**: Sie dürfen zwischen **avere/essere** und dem Partizip Perfekt stehen. Auch **mai** („niemals") gehört zu diesen Ausnahmen.

42   Das Verb rimanere | Il verbo rimanere

Infinitiv		rimanere
Singular	1.	rimango
	2.	rimani
	3.	rimane
Plural	1.	rimaniamo
	2.	rimanete
	3.	rimangono
Imperativ		rimani! / rimanete!
Partizip		rimasto

Beim Verb **rimanere** („bleiben") musst du vor allem auf das **g** in der 1. Person Singular und der 3. Person Plural achten. Das **passato prossimo** wird mit **essere** gebildet.

FACCIAMO IL PUNTO ▶Lösungen auf Seite 53

1   **Bilde Sätze mit quando und perché.**

1. I ragazzi – quando – andare a sciare – la casa a Sestriere è libera

2. Khalid – non venire – perché – non avere tempo

2   **Bilde Sätze im passato prossimo.**

1. Filippo – già – partire in montagna

2. Leo – già – scrivere il messaggio

3. Anna – non essere – mai – a Sestriere

3   **Setze ins passato prossimo.**

1. Filippo dimentica il suo cellulare.

2. Khalid segna un goal.

3. Anna suona il flauto.

4. La madre rimane a casa.

5. Voi perdete i vostri sci.

5 LA MIA FAMIGLIA

APPROCCIO

43   **Die Datumsangabe | La data**

Oggi è **il tre** marzo. Heute ist **der 3.** März.	Das Datum wird mit der Grundzahl angegeben. Nur der 1. des Monats wird mit der Ordnungszahl **primo** angegeben. Die Zeitangabe erfolgt mit dem bestimmten Artikel **il**.
Le vacanze cominciano **il 22** marzo. Die Ferien beginnen **am 22.** März.	
Ci vediamo **il primo** aprile. Wir sehen uns **am 1.** April.	

5A GLI ANGELI BIONDI

44   **Der Artikelgebrauch bei Verwandtschaftsbezeichnungen | L'articolo con i nomi di parentela**

Ecco mio fratello. Da ist mein Bruder.	Bei Verwandtschaftsbezeichnungen entfällt vor allen Possessivpronomen außer **loro** der Artikel, wenn die genannte Person <u>im Singular</u> steht.
Mio zio si chiama Angelo. Mein Onkel heißt Angelo.	⚠ Wird die Verwandtschaftsbezeichnung durch die vertrauliche Bezeichnung **papà** oder **mamma** verändert, muss dagegen der Artikel stehen:
Le mie zie abitano a Milano. Meine Tanten wohnen in Mailand.	**mio padre** mein Vater
Festeggiamo il compleanno **del** mio papà. Wir feiern den Geburtstag meines Papas.	**il mio papà** mein Papa

45   **Die Possessivbegleiter (2) | Gli aggettivi possessivi (2)**

	♂	♀
Singular	il **nostro** amico	la **nostra** famiglia
	il **vostro** amico	la **vostra** famiglia
	il **loro** amico	la **loro** famiglia
Plural	i **nostri** amici	le **nostre** famiglie
	i **vostri** amici	le **vostre** famiglie
	i **loro** amici	le **loro** famiglie

Auch im Plural stehen die Possessivbegleiter vor dem Substantiv, auf das sie sich beziehen und passen sich diesem in ihrem Genus und Numerus an. Zum Possessivbegleiter gehört auch im Plural immer der passende Artikel. (▶ 18, Seite 15)

⚠ Achte darauf, dass **loro** unveränderlich ist und **immer mit dem Artikel** steht:

i loro cugini   ihre Cousins
la loro madre   ihre Mutter

46 Das Relativpronomen che | Il pronome relativo che

> Ecco mia nonna **che** ha 82 anni.
> Da ist meine Oma, **die** 82 Jahre alt ist.
>
> Sono arrivati i miei cugini **che** ho visto l'ultima volta tanto tempo fa.
> Meine Cousins, **die** ich vor langer Zeit zuletzt gesehen habe, sind angekommen.

Das Relativpronomen verbindet ein Subjekt oder Objekt eines übergeordneten Satzes mit seiner Erläuterung im Nebensatz. Es heißt im Italienischen sowohl beim Subjekt (wer?/was?) als auch beim Objekt (wen?/was?) immer **che** und ist unveränderlich. Es steht für Personen und Gegenstände, im Singular oder im Plural.
⚠ Im Gegensatz zum Deutschen steht vor dem Relativsatz kein Komma.

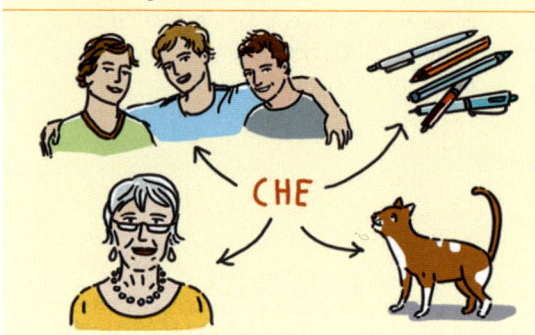

WEISST DU'S? ▸Lösungen ¿?

Verbinde die Sätze mit **che** zu einem Satzgefüge.
1. Abbiamo perso l'autobus. L'autobus va all'aeroporto.
2. Arriva una signora. La signora non è mia zia.
3. Noi prendiamo il treno. Il treno parte dalla Stazione Termini.

5B VACANZE ROMANE

47 Das Perfekt der Modalverben | Il passato prossimo dei verbi modali

> **Ho dovuto** fare la spesa.
> Ich **musste** einkaufen.
>
> **Non abbiamo potuto** prendere l'autobus.
> Wir **konnten nicht** den Bus nehmen.

WEISST DU'S? ▸Lösungen ¿?

Setze ins **passato prossimo**.
1. Non possiamo dormire.
2. Dovete aspettare.
3. Vuole organizzare tutto.

Das Partizip Perfekt der Modalverben ist regelmäßig. Es endet bei allen regelmäßigen Verben mit **-ere** auf **-uto**. Modalverben bilden das **passato prossimo** mit dem Hilfsverb **avere**. Die Form wird im Deutschen mit dem **Imperfekt** wiedergegeben.
Verbindungen mit Modalverben können das **passato prossimo** auch mit **essere** bilden, wenn das Hauptverb dies erfordert. Das Partizip Perfekt wird dann entsprechend verändert:
scendere: sono scesi
Sono dov**uti** scendere.   Sie mussten aussteigen.

FACCIAMO IL PUNTO ▸Lösungen auf Seite 53

1 Schreibe diese Zeitangaben auf Italienisch.

1. am 8. Mai, 2. am 27. Juni, 3. am 30. Oktober, 4. am 1. November

2 Setze den richtigen Artikel, wo er nötig ist.

1. ... mio cugino, 2. ... miei cugini, 3. ... suo nonno, 4. ... loro zie, 5. ... vostra cara mamma

3 Schau dir die drei Personen an. Schreibe die richtigen Possessivbegleiter zu ihren Dingen auf.

1. i nonni: salotto, televisore, vicini, 2. noi: biglietti, spesa, vacanze, 3. voi: macchina, viaggi, feste

6 MODA E CIBO

APPROCCIO

48 Die Farbadjektive | I colori

Cerco una gonna **rossa**.
Ich suche einen **roten** Rock.

Come mi stanno questi pantalon**i verdi**?
Wie steht mir diese **grüne** Hose?

Mi piacciono queste scarpe **bianche**.
Mir gefallen diese **weißen** Schuhe.

WEISST DU'S? ▸Lösungen ¿?

Kombiniere die Farbadjektive mit den Substantiven.
rosso + la borsa, blu + gli occhiali, marrone + i vestiti, viola + le giacche

Veränderliche Farbadjektive passen sich wie alle anderen Adjektive in Genus und Numerus dem Bezugswort (Substantiv) an. Dazu gehören **bianco**, **giallo**, **rosso**, **verde**, **azzurro**, **nero** und **grigio**. Sie stehen immer hinter dem Substantiv, auf das sie sich beziehen.
⚠ Bei **bianco** ändert sich im Plural die Schreibweise:
Singular   bianco/bianca
Plural   bian**chi**/bian**che**
⚠ Umgangssprachlich werden **marrone** und **arancione** auch als veränderliche Farbadjektive gebraucht.

Prendo la maglietta **blu**.
Ich nehme das **blaue** T-Shirt.

Unveränderlich sind u.a. folgende Farbadjektive: **blu**, **viola**, **rosa** und **beige**.

6A ESSERE GELOSI

49   Das Demonstrativpronomen quello | Il pronome dimostrativo quello

Quello è Roberto.
Das (da) ist Robert.

Quella è la mia gonna.
Das (da) ist mein Rock.

Quelli sono i miei vestiti.
Das (da) sind meine Kleider.

Quelle sono le due amiche.
Das (da) sind die zwei Freundinnen.

Das Demonstrativpronomen **quello** („jener", „das da") verweist auf Personen und Dinge, die sich in einiger Entfernung vom Sprecher befinden. Es hat die Endungen **-o**, **-a**, **-i**, **-e**, die sich wie ein Adjektiv nach dem Bezugswort (Substantiv) richten.

50   Die direkten Objektpronomen | I pronomi personali complemento diretto

Giorgia **mi** chiama sempre.
Giorgia ruft **mich** immer an.

Ti aspetto a casa.
Ich warte zu Hause auf **dich**:

– Chi è quello? – Non **lo** conosco.
– Wer ist das da? – Ich kenne **ihn** nicht.

– Conosci questa rivista? – Sì, **la** compro sempre.
– Kennst du diese Zeitschrift? – Ja, ich kaufe **sie** immer.

Ci chiamate stasera?
Ruft ihr **uns** heute Abend an?

Vi invito per sabato sera.
Ich lade **euch** für Samstagabend ein.

I tuoi occhi ... perché **li** nascondi?
Deine Augen ... warum versteckst du **sie**?

Queste canzoni? **Le** ascoltiamo insieme.
Diese Lieder? Wir hören **sie** zusammen.

Die direkten Objektpronomen heißen **mi**, **ti**, **lo/la**, **ci**, **vi**, **li/le**.
Sie stehen für Personen oder Dinge und ersetzen ein direktes Objekt:
– **Inviti** Khalid e Leo? – Sì, **li** invito.
– Lädst du Khalid und Leo ein? – Ja, ich lade sie ein.

Quelle ragazze lì? **Non le** conosco.
Die Mädchen da drüben? Ich kenne **sie nicht**.

Due dischi di Liga! **Li** compro subito!
Zwei CDs von Liga! Ich kauf **sie** sofort!

Queste magliette non mi piacciono. **Non le** prendo.
Diese zwei T-Shirts gefallen mir nicht. Ich nehme **sie nicht**.

Dov'è Anna? **L'**aspetto.
Wo ist Anna? Ich warte auf **sie**.

Die direkten Objektpronomen stehen immer vor dem konjugierten Verb. Bei der Verneinung steht **non** daher immer vor dem Objektpronomen.
Vor einem Verb mit Vokalanfang werden **lo** und **la** normalerweise apostrophiert, wenn der Bezug eindeutig klar ist.

| WEISST DU'S? ▸Lösungen | ¿? |

Ersetze die direkten Objekte durch Pronomen:
1. Ascolto le canzoni di Liga.
2. Invitiamo Leo.
3. Facciamo gli spaghetti alle vongole.
4. Non dimenticare i tuoi occhiali da sole!

51 Das Verb uscire | Il verbo uscire

Infinitiv		uscire
Singular	1.	esco
	2.	esci
	3.	esce
Plural	1.	usciamo
	2.	uscite
	3.	escono
Imperativ		esci! / uscite!
Partizip Perfekt		uscito

Das Verb **uscire** („ausgehen", „hinausgehen") ist unregelmäßig. Es hat im Präsens den Anfangsvokal **e-** in den stammbetonten und den Anfangsvokal **u-** in den endungsbetonten Formen. Das **passato prossimo** wird mit **essere** gebildet.

6B PREPARARE LA CENA

52 Der Teilungsartikel bei Mengenangaben | L'articolo partitivo per le quantità

Ho portato **del** pane.
Ich habe (**etwas**) Brot mitgebracht.

Facciamo **dei** panini.
Machen wir (**ein paar**) belegte Brötchen.

Beviamo **dell'**acqua minerale.
Wir trinken (**etwas**) Mineralwasser.

Non mangio formaggio.
Ich esse keinen Käse.

Abbiamo bisogno di un litro di latte.
Wir brauchen einen Liter Milch.

Sabato mangio da amici.
Am Samstag esse ich bei (ein paar) Freunden.

Bestimmten Mengen kannst du mit Maßeinheiten wie z. B. **un etto di** („100 Gramm") oder **un litro di** („ein Liter") angeben. Bei einer unbestimmten Menge verwendet man den Teilungsartikel. Er setzt sich zusammen aus **di + Artikel** und ergibt dieselben Formen wie du sie schon von den präpositionalen Fügungen kennst (▸ 19, Seite 16).

⚠ Den Teilungsartikel verwendet man nicht in verneinten Sätzen, bei genauen Mengenangaben und nach Wendungen mit **di**. Meist wird er auch nicht bei Aufzählungen und nach Präpositionen verwendet.

| WEISST DU'S? ▸Lösungen | ¿? |

Setze den Teilungsartikel ein, wo er nötig ist.
Devo comprare _____ pomodori.
C'è ancora _____ mozzarella?
Non abbiamo bisogno _____ basilico.

53   Die indirekten Objektpronomen | I pronomi personali complemento indiretto

Questa maglietta non mi piace.
Dieses T-Shirt gefällt **mir** nicht.

Ti mando un messaggio.
Ich schicke **dir** eine SMS.

Gli faciamo un panino.
Machen wir **ihm** ein Brötchen.

Le prepariamo una torta.
Wir backen **ihr** einen Kuchen.

Ci porti anche il pane?
Bringst du **uns** auch Brot mit?

Vi porto dei dolci.
Ich bringe **euch** Gebäck mit.

Gli porto una bottiglia di vino.
Ich bringe **ihnen** eine Flasche Wein mit.

> **LERNTIPP**   +
>
> Am besten lernst du immer gleich mit, ob ein Verb im Italienischen ein direktes oder ein indirektes Objekt verlangt.

Die indirekten Objektpronomen heißen **mi**, **ti**, **gli/le**, **ci**, **vi** und **gli**. Sie ersetzen ein indirektes Objekt. Außer in der 3. Person Singular und Plural sind sie mit den direkten Objektpronomen identisch. Auch ihre Stellung im Satz ist die gleiche. (► 50, Seite 34)
⚠ In der 3. Person Plural kann auch **loro** nach dem Verb verwendet werden: Porto **loro** una bottiglia di vino. Im Mündlichen verwendet man meist **gli**.
⚠ Einige Verben haben im Italienischen im Gegensatz zum Deutschen ein indirektes Objekt oder umgekehrt:
telefonare a qualcuno jemanden anrufen
domandare a qualcuno jemanden fragen
aiutare qualcuno jemandem helfen
Du kennst das schon aus dem Französischen:
demander à qn („jemanden fragen"), aber **aider qn** („jemandem helfen")

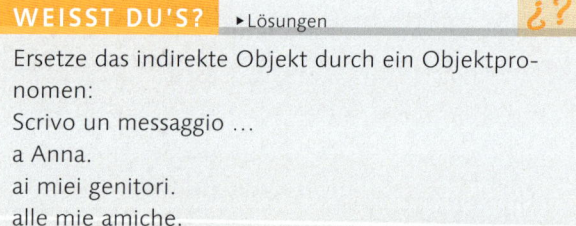

> **WEISST DU'S?**   ►Lösungen   ¿?
>
> Ersetze das indirekte Objekt durch ein Objektpronomen:
> Scrivo un messaggio …
> a Anna.
> ai miei genitori.
> alle mie amiche.

54   Die betonten Formen der indirekten Objektpronomen | Le forme toniche dei pronomi personali complemento indiretto

– Giorgia ti ha invitato? – Me? No, non mi ha invitato.
– Hat Giorgia dich eingeladen? – **Mich?** Nein, sie hat mich nicht eingeladen.

Non mi piace l'insalata./A me non piace l'insalata.
Ich mag keinen Salat.

Allora ti preparo un dolce./Allora per te preparo un dolce.
Dann mache ich **dir** einen Nachtisch.

Die direkten und die indirekten Objektpronomen haben auch betonte Formen. Diese verwendet man vor allem nach Präpositionen und um etwas hervorzuheben. Zur Hervorhebung einer Person stehen sie am Anfang oder am Ende des Satzes. Bei der Verneinung steht **non** vor dem konjugierten Verb.

Subjekt	unbetontes direktes/ indirektes Objekt	betontes direktes Objekt	betontes indirektes Objekt
io	mi	me	a/di/per me
tu	ti	te	a/di/per te
lui	lo	lui	a/di/per lui
lei	la	lei	a/di/per lei
noi	ci	noi	a/di/per noi
voi	vi	voi	a/di/per voi
loro	li, le (gli)	loro	a/di/per loro

FACCIAMO IL PUNTO ▶ Lösungen auf Seite 54

1 **Übersetze.**

1. Das da sind meine Freunde.

2. Ist das da das Kleid, das dir gefällt?

3. Wir brauchen noch Käse, Salat und Wasser.

4. Er hat etwas Basilikum gekauft.

2 **Beantworte die Fragen. Verwende dazu das richtige Objektpronomen.**

1. Capisci la lezione? Sì, …

2. Prendete il caffè? No, …

3. Scrivi una cartolina ai tuoi zii? Sì, …

4. Fai una sorpresa al tuo amico? Sì, …

5. Telefoni a Maria stasera? No, …

6. Aiutate Paola con i suoi compiti? No, …

3 **Ergänze die Sätze mit den richtigen Formen von uscire.**

1. Leo e Filippo … per comprare un nuovo hard disk.

2. Vedono Anna che … dal negozio.

3. Filippo le domanda: Perché (tu) … già?

4. Aspetta 10 minuti, così poi (noi) … insieme.

7 VACANZE ITALIANE

55 Die reflexiven Verben | I verbi riflessivi

55.1 Die Bildung der reflexiven Verben | Le forme dei verbi riflessivi

Filippo **si alza** alle 7.
Filippo **steht** um sieben **auf**.

Il pomeriggio **ci riposiamo** un po'.
Am Nachmittag **ruhen** wir **uns** ein bisschen **aus**.

Reflexive Verben sind Verben, zu denen ein Reflexivpronomen gehört.

Infinitiv		alzarsi
Singular	1.	**mi** alzo
	2.	**ti** alzi
	3.	**si** alza
Plural	1.	**ci** alziamo
	2.	**vi** alzate
	3.	**si** alzano
Imperativ		**alzati! / alzatevi!**
Partizip		**alzato**

Die Reflexivpronomen lauten **mi**, **ti**, **si**, **ci**, **vi** und **si**.

Si divertono in spiaggia.
Sie vergnügen sich am Strand.

Non **mi riposo**.
Ich ruhe mich nicht aus.

Non voglio alzar**mi**. / **Non mi voglio** alzare.
Ich will nicht aufstehen.

Anders als im Deutschen stehen die Reflexivpronomen im Italienischen vor dem konjugierten Verb.
Bei der Verneinung steht **non** vor dem Reflexivpronomen.
Bei einer Verbindung von Verb und Modalverb stehen die Reflexivpronomen entweder vor dem konjugierten Modalverb oder werden an den Infinitiv des Hauptverbs angehängt. Dieser verliert dabei sein **-e**.

55.2 Der Gebrauch der reflexiven Verben | L'uso dei verbi riflessivi

svegliarsi	aufwachen
alzarsi	aufstehen („sich erheben")
chiamarsi	heißen („sich nennen")

Viele italienische reflexive Verben sind im Deutschen **nicht** reflexiv und werden auch nicht reflexiv übersetzt. (▶2, S. 8)

Chiamo Luisa. ≠ Mi chiamo Luisa.
Ich rufe Luisa (an). ≠ Ich heiße Luisa.

Troviamo un bar. ≠ Ci troviamo in un bar.
Wir finden eine Bar. ≠ Wir sind in einer Bar.

Viele Verben können reflexiv verwendet werden und ändern dadurch ihre Bedeutung.

WEISST DU'S? ▶Lösungen ¿?

Bilde Sätze aus den folgenden Formen:
1. Le ragazze (divertirsi) al mare.
2. Perché voi (non mettersi) a studiare?

56 Der Begleiter tutto | L'aggettivo tutto

	♂	♀
Singular	**tutto** il giorno	**tutta** la settimana
Plural	**tutti** i ragazzi	**tutte** le ragazze

Der Indefinitbegleiter **tutto** („ganz", „alles", „jeder") wird wie ein Adjektiv auf **-o** an das Substantiv angeglichen.

Filippo studia tutto il giorno.
Filippo lernt den ganzen Tag.

Tutta la mia famiglia è qui.
Meine ganze Familie ist hier.

Cos'è tutto questo caos?
Was soll dieses ganze Chaos?

Tutti gli amici sono in vacanza.
Alle Freunde sind im Urlaub.

Tutte le sere chiamano Filippo.
Jeden Abend rufen sie Filippo an.

Auf den Begleiter **tutto/a** folgt immer ein bestimmter Artikel, ein Possessiv- oder ein Demonstrativpronomen.
Im Singular heißt **tutto/-a** „ganz/e/s". Im Plural heißt **tutti/-e** „alle" oder „jede/r, jedes".

⚠ **tutto** kann auch als Pronomen gebraucht werden. Es bedeutet dann „alles" und ist unveränderlich:
Ho capito tutto.   Ich habe alles verstanden.

7B UN POMERIGGIO LIGURE

57 Die Begleiter qualche und alcuno/a | Gli aggettivi qualche e alcuno/a

Ho portato qualche dolce.
Ich habe **ein paar** Süßigkeiten mitgebracht.

Ho portato alcuni dolci.
Ich habe **ein paar / einige** Süßigkeiten mitgebracht.

WEISST DU'S?   ▶Lösungen   ¿?
Füge den passenden Begleiter hinzu: pomodoro, etti, mela, mandorle, uova

Die unbestimmte Mengenangabe kann auf zwei Weisen ausgedrückt werden, mit **qualche** („ein paar") oder **alcuni/-e** („einige").
⚠ **qualche** ist unveränderlich und verlangt immer ein Bezugswort im <u>Singular</u>.
alcuni/-e hat eine männliche und eine weibliche Form und verlangt ein entsprechendes Bezugswort im Plural.
alcuno kann im Plural auch als Pronomen verwendet werden:
– Sono venuti tutti?   – Sind alle gekommen?
– No, solo alcuni.   – Nein, nur einige.

FACCIAMO IL PUNTO ▶Lösungen auf Seite 54

1 Bilde Sätze.

1. Questo ragazzo + chiamarsi + Niccolò
2. Anna + mettersi a preparare + bruschette
3. Michele + farsi + un panino
4. Paola e Rita + incontrarsi
5. Le ragazze + divertirsi

2 Bilde mit tutto die entsprechende Form von „alle" im Plural.

1. la tenda, 2. la passeggiata, 3. il campeggio, 4. il pedalò, 5. l'albergo, 6. l'esame

SUPPLEMENTO 1

58   Die Verlaufsform + stare | Il gerundio + stare

Singular	1.	**sto cercando**
		ich suche gerade
	2.	**stai dormendo**
		du schläfst (gerade)
	3.	**sta aspettando**
		er/sie wartet (gerade)
Plural	1.	**stiamo guardando**
		wir sehen uns gerade etwas an
	2.	**state scrivendo**
		ihr schreibt (gerade)
	3.	**stanno ascoltando**
		sie hören (gerade) zu

Die Verlaufsform wird aus den Formen des Verbs **stare** und dem Gerundium gebildet. Sie dient zur Betonung der Dauer einer Handlung. Im Deutschen kann sie nicht immer sinnvoll wiedergegeben werden. Mit dem Adverb „gerade" oder der Umschreibung „dabei sein etwas zu tun" kann man die Verlaufsform am ehesten übersetzen.

⚠ Die Verlaufsform wird nur in den Zeitformen **gerundio presente** (= sto leggendo) und **gerundio passato** (= stavo leggendo; Imperfetto ▶ 62, Seite 42) verwendet.

Infinitiv	Gerundium
aspettare	**aspettando**
scrivere	**scrivendo**
dormire	**dormendo**

Das Gerundium wird jeweils vom Verb abgeleitet. Die Endung für die Verben auf **-are** lautet **-ando**, für die Verben auf **-ere** und **-ire** lautet sie **-endo**. Das Gerundium ist unveränderlich.

fare	**facendo**	Che stai facendo?
dire	**dicendo**	Che cosa stanno dicendo?
bere	**bevendo**	Sto bevendo una coca.

Bei einigen Verben wie **fare**, **dire** und **bere** ist die Form des Gerundiums unregelmäßig, da sie von einem älteren Infinitiv abgeleitet wird.

Lo sta aspettando.	Er/sie wartet auf ihn.
Si stanno guardando.	Sie schauen sich an.

Pronomen stehen bei der Verlaufsform vor der konjugierten Form von **stare**.

59   Die doppelte Verneinung mit mai, niente und più | La negazione con mai, niente e più

Valentina **non** mi scrive **mai** messaggini.
Valentina schreibt mir **nie** SMS.

Luca e Loris **non** vanno **più** a scuola.
Luca und Loris gehen **nicht mehr** zur Schule.

Perché **non** hai mangiato **niente** stamattina?
Warum hast du heute Morgen **nichts** gegessen?

Lunedì **non** lavora **nessuno**.
Am Montag arbeitet **niemand**.

Anders als im Deutschen gibt es im Italienischen die doppelte Verneinung. Sie wird mit **non** und einer weiteren Partikel wie z. B. **mai** („niemals"), **niente** („nichts"), **più** („nicht mehr") oder **nessuno** („niemand") gebildet. Das konjugierte Verb steht in den einfachen Zeiten zwischen beiden Verneinungspartikeln.
Du kennst diese Verneinungsform auch aus dem Französischen:
FRA   Il ne mange rien.

SUPPLEMENTO 2

60 Das Relativpronomen cui | Il pronome relativo cui

Milano, la città in **cui** vuole costruire la sua vita, gli piace molto.
Mailand, die Stadt, in **der** er sein Leben aufbauen will, gefällt ihm sehr.

Paolo, con **cui** vuole avere una famiglia, ha solo 21 anni.
Paolo, mit **dem** sie eine Familie haben möchte, ist erst 21.

Das Relativpronomen **cui** hat, genau wie **che**, eine verbindende Funktion (▶ 46, Seite 32). Es bezieht sich auf ein zuvor genanntes Substantiv oder Pronomen. **Cui** wird als Relativpronomen immer nach Präpositionen verwendet und ist unveränderlich.

61 Der absolute Superlativ | Il superlativo assoluto

Andrea e Marco sono due fratelli **diversissimi**.
Andrea und Marco sind zwei ganz verschiedene Brüder.

Sposa l'**amatissima** Daniela.
Er heiratet die **heißgeliebte** Daniela.

Sono **bellissimi** tutti e due.
Beide sind **sehr schön**.

> **WEISST DU'S?** ▶ Lösungen ¿?
>
> Setze in den Superlativ:
> una bella passeggiata
> delle giornate tranquille
> una breve pausa
> un esame difficile
> dei ragazzi simpatici

Der absolute Superlativ dient zum Ausdruck eines sehr hohen Grades einer Eigenschaft. Er wird aus dem jeweiligen Adjektiv gebildet, indem man an den Stamm die Endung **-issimo/-a** anhängt. Der absolute Superlativ entspricht <u>nicht</u> dem deutschen Superlativ, sondern wird durch das Adverb „sehr" ausgedrückt: **è bellissimo** es ist sehr schön.
⚠ Die Form kann ebenso mit **molto** ausgedrückt werden: **Il libro è divertentissimo. = Il libro è molto divertente.** Der absolute Superlativ wird jedoch meist bevorzugt. In der Umgangssprache findet man ihn sogar bei Substantiven: **Offertissima!** „Super-Sonderangebot!"

62 Der Imperativ in der Höflichkeitsform | L'imperativo nella forma di cortesia

scusare	**Scusi**, cerco un bel libro. **Entschuldigen Sie**, ich suche ein gutes Buch.
prendere	Li **prenda** tutti e due. **Nehmen Sie** sie beide.
venire	**Venga**, Le faccio vedere un altro libro. **Kommen Sie**, ich zeige Ihnen ein anderes Buch.

Zur Bildung des Imperativs in der Höflichkeitsform hängt man an den Stamm der 1. Person Präsens Indikativ der Verben auf **-are** die Endung **-i**, an Verben auf **-ere** und **-ire** hingegen die Endung **-a** an.

A CASA DI GIULIETTA

63 Das Imperfekt | L'imperfetto

parlare	Giulietta **parlava** con Romeo tutti i giorni. Julia **sprach** jeden Tag mit Romeo. (= regelmäßige Handlung)
volere	I due **volevano** fuggire insieme. Die beiden **wollten** zusammen fliehen. (= nicht abgeschlossener Zustand)
soffrire	L'anno scorso, Lisa **soffriva** di mal d'amore perché **voleva** rivedere il ragazzo del corso d'inglese. Letztes Jahr **litt** Lisa sehr an Liebeskummer, weil sie den Jungen aus dem Englischkurs wiedersehen **wollte**. (= gleichzeitige Zustände)

Das Imperfekt dient als „Erzählzeit". Du verwendest es,

1. um regelmäßige Handlungen, Zustände oder Gewohnheiten in der Vergangenheit zu beschreiben.
2. um Zustände oder Handlungen der Vergangenheit, die noch nicht abgeschlossen sind, zu beschreiben.
3. um zwei gleichzeitig stattfindende Zustände, Handlungen oder Situationen in der Vergangenheit zu beschreiben.

Manchmal weisen Signalwörter wie **tutti i giorni** („jeden Tag") oder **normalmente** („normalerweise") darauf hin, dass du das Imperfekt verwenden musst.
⚠ Das **imperfetto** beschreibt einen Zustand oder Zeitraum, das **passato prossimo** beschreibt abgeschlossene, einmalige oder aufeinander folgende Handlungen in der Vergangenheit.

Verben		Singular		Plural
-are z. B. **parlare**	1. 2. 3.	parl-avo parl-avi parl-ava	1. 2. 3.	parl-avamo parl-avate parl-avano
-ere z. B. **volere**	1. 2. 3.	vol-evo vol-evi vol-eva	1. 2. 3.	vol-evamo vol-evate vol-evano
-ire z. B. **soffrire**	1. 2. 3.	soffr-ivo soffr-ivi soffr-iva	1. 2. 3.	soffr-ivamo soffr-ivate soffr-ivano

Das Imperfekt wird aus dem Stamm der ersten Person Plural Präsens und den jeweiligen Imperfekt-Endungen der Verben gebildet.
⚠ Achte auf den Wechsel in der Betonung: and**a**vo ≠ andav**a**mo, pot**e**vo ≠ potev**a**mo, scriv**e**vo ≠ bscrivev**a**mo.
Beachte auch die Sonderform von **stare** (stavo, stavi usw.)!

Infinitiv		essere
Singular	1. 2. 3.	**ero** **eri** **era**
Plural	1. 2. 3.	**eravamo** **eravate** **erano**

Das Verb **essere** hat auch im Imperfekt unregelmäßige Formen.

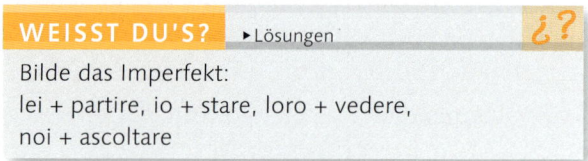

WEISST DU'S? ▶Lösungen ¿?

Bilde das Imperfekt:
lei + partire, io + stare, loro + vedere, noi + ascoltare

APPENDICE

1 Die Konsonanten | Le consonanti

b	[b]	*wie „b" in* Bus, Abitur: bello, abitare
c	[k]	*wie „k" in* Kino: casa, parco, classe
c	[tʃ]	*vor „e" und „i" wie „tsch" in* Tschechien: centro, liceo, cinema ⚠ *Bei „ci" + Vokal wird das „i" nicht gesprochen:* ciao [tʃao]
ch	[k]	*wie „k" in* Banken, Komma: anche, chi
d	[d]	dove, grande
f	[f]	forse, edificio
g	[g]	grande, lingua
g	[dʒ]	*vor „e" und „i" wie die weiche Aussprache von „dsch" in* Dschungel: gelato, giro ⚠ *Bei „gi" + Vokal wird das „i" nicht gesprochen:* giusto [dʒusto], Giorgia
gh	[g]	*wie „g":* funghi
gl	[lj]	*wie die Kombination aus „l" + „j":* gli, famiglia
gn	[nj]	*wie die Kombination aus „n" + „j":* signora, bagno
h		wird grundsätzlich nicht ausgesprochen
l	[l]	la, parlare
m	[m]	madre, fiume
n	[n]	nome, Torino
p	[p]	padre, importante
qu	[ku]	*wie „qu" in* Quelle: questo, acqua
r	[r]	*rollendes „r":* ragazzo, parco
s	[s]	*scharfes/hartes, „s" wie in* Kuss: sera, questo
s	[z]	*weiches „s" wie in* Sahne *und* süß: snowboard, rosa
sc	[sk]	*wie „sk" in* Skala: tedesco, scuola, scrivere
sc	[ʃ]	*vor „e" und „i" wie „sch" in* Schule: sci, conoscere
sch	[sk]	*wie „sk":* tedeschi, schiena
t	[t]	Torino, italiano
v	[v]	vendere, dove
z	[ts]	*hart gesprochen wie in* Zucker: senza
z	[dz]	*weich gesprochen („d" + weiches „s"):* zio

2 Die Vokale und Diphthonge | Le vocali ed i dittonghi

a	[a]	abitare, madre
e	[e]	geschlossenes „e" wie in See: cellulare, edificio
e	[ɛ]	offenes „e" wie in Mensch und Ende: centro, ecco
i	[i]	ideale, abitare
o	[o]	geschlossenes „o" wie in Sohn: simbolo, originale
o	[ɔ]	offenes „o" wie in doch: però, ottimo
u	[u]	ultimo, tutto

Treffen zwei Vokale zusammen, werden sie, anders als im Deutschen, getrennt gesprochen: Europa [e – u], paese [a – e]
au [au] aula, applauso
ei [ɛi] sei, vorrei
ie [jɛ] ieri, piede
uo [wɔ] scuola, uovo

BETONUNG UND AKZENT | L'ACCENTUAZIONE E L'ACCENTO

1 Die Betonung | L'accentuazione

	bel	lo
	gran	de
te	des	co
ra	gaz	zo

Die meisten italienischen Wörter werden auf der vorletzten Silbe betont.

co	no	sce	re
	sim	bo	lo
	nu	me	ro
fan	ta	sti	co
	per	de	re
au	to	gra	fo

Einige Wörter werden auf der drittletzten Silbe betont.

perché, città, papà etc.

Einige mehrsilbige Wörter sind auch endbetont. In diesem Fall steht ein Akzent auf dem Endvokal.

2 Der Akzent | L'accento

età, comò, menù etc.

Bei mehrsilbigen endbetonten Wörtern muss ein Akzent auf dem Endvokal stehen und umgekehrt: Wenn ein Akzent auf dem Endvokal eines mehrsilbigen Wortes steht, ist das Wort endbetont.

e ≠ è, da ≠ dà, li ≠ lì, si ≠ sì etc.

Einige einsilbige Wörter haben ebenfalls einen Akzent. Dieser ist wichtig, um das Wort vom gleichlautenden Wort ohne Akzent zu unterscheiden.

DIE VERBEN | I VERBI

1 Hilfsverben | Verbi ausiliari

Infinitiv	essere	avere
Präsens	sono sei è siamo siete sono	ho hai ha abbiamo avete hanno
Imperativ	sii! siate!	abbi! abbiate!
Partizip	stato	avuto
Gerundium	essendo	avendo
Imperfekt	ero eri era eravamo eravate erano	avevo avevi aveva avevamo avevate avevano

2 Regelmäßige Verben auf -are, -ere, -ire | Verbi regolari in -are, -ere, -ire

Infinitiv	parlare	vendere	sentire
Präsens	parlo parli parla parliamo parlate parlano	vendo vendi vende vendiamo vendete vendono	sento senti sente sentiamo sentite sentono
Imperativ	parla! parlate!	vendi! vendete!	senti! sentite!
Partizip	parlato	venduto	sentito
Gerundium	parlando	vendendo	sentendo
Imperfekt	parlavo parlavi parlava parlavamo parlavate parlavano	vendevo vendevi vendeva vendevamo vendevate vendevano	sentivo sentivi sentiva sentivamo sentivate sentivano

3   Modalverben | Verbi modali

Infinitiv	**volere**	**potere**	**dovere**	**sapere**
Präsens	voglio	posso	devo	so
	vuoi	puoi	devi	sai
	vuole	può	deve	sa
	vogliamo	possiamo	dobbiamo	sappiamo
	volete	potete	dovete	sapete
	vogliono	possono	devono	sanno
Partizip	voluto	potuto	dovuto	saputo
Gerundium	volendo	potendo	dovendo	sapendo
Imperfekt	volevo	potevo	dovevo	sapevo
	volevi	potevi	dovevi	sapevi
	voleva	poteva	doveva	sapeva
	volevamo	potevamo	dovevamo	sapevamo
	volevate	potevate	dovevate	sapevate
	volevano	potevano	dovevano	sapevano

4   Reflexive Verben | Verbi riflessivi

		unregelmäßiges reflexives Verb
Infinitiv	**alzarsi**	**sedersi**
Präsens	mi alzo	mi siedo
	ti alzi	ti siedi
	si alza	si siede
	ci alziamo	ci sediamo
	vi alzate	vi sedete
	si alzano	si siedono
Partizip	alzato	seduto
Gerundium	alzandosi	sedendosi
Imperfekt	mi alzavo	mi sedevo
	ti alzavi	ti sedevi
	si alzava	si sedeva
	ci alzavamo	ci sedevamo
	vi alzavate	vi sedevate
	si alzavano	si sedevano

5 Verbgruppen | Gruppi di verbi

Verben auf -care/-gare

Infinitiv	cercare	spiegare
Präsens	cerco	spiego
	cerchi	spieghi
	cerca	spiega
	cerchiamo	spieghiamo
	cercate	spiegate
	cercano	spiegano
Imperativ	cerca!	spiega!
	cercate!	spiegate!
Partizip	cercato	spiegato
Gerundium	cercando	spiegando
Imperfekt	cercavo	spiegavo
	cercavi	spiegavi
	cercava	spiegava
	cercavamo	spiegavamo
	cercavate	spiegavate
	cercavano	spiegavano

→ giocare, mancare, dimenticare, rinfrescarsi, interrogare

Verben auf -iare

Infinitiv	studiare
Präsens	studio
	studi
	studia
	studiamo
	studiate
	studiano
Imperativ	studia!
	studiate!
Partizip	studiato
Gerundium	studiando
Imperfekt	studiavo
	studiavi
	studiava
	studiavamo
	studiavate
	studiavano

→ passeggiare, cambiare, mangiare, cominciare, lasciare, festeggiare, consigliare

Verben auf -are mit abweichender Betonung

Infinitiv	abitare
Präsens	abito
	abiti
	abita
	abitiamo
	abitate
	abitano
Imperativ	abita!
	abitate!
Partizip	abitato
Gerundium	abitando
Imperfekt	abitavo
	abitavi
	abitava
	abitavamo
	abitavate
	abitavano

→ telefonare, visitare, dimenticare

Verben auf -ire mit -sc- Stammerweiterung

Infinitiv	capire
Präsens	capisco
	capisci
	capisce
	capiamo
	capite
	capiscono
Imperativ	capisci!
	capite!
Partizip	capito
Gerundium	capendo
Imperfekt	capivo
	capivi
	capiva
	capivamo
	capivate
	capivano

→ finire, preferire, costruire, restituire

6   Unregelmäßige Verben | Verbi irregolari

Infinitiv	andare	dare	dire	fare	stare	(man)tenere
Präsens	vado	do	dico	faccio	sto	tengo
	vai	dai	dici	fai	stai	tieni
	va	dà	dice	fa	sta	tiene
	andiamo	diamo	diciamo	facciamo	stiamo	teniamo
	andate	date	dite	fate	state	tenete
	vanno	danno	dicono	fanno	stanno	tengono
Imperativ	va'!/vai!	da'!/dai!	di'!	fa'!/fai!	sta'!/stai!	tieni!
	andate!	date!	dite!	fate!	state!	tenete!
Partizip	andato	dato	detto	fatto	stato	tenuto
Gerundium	andando	dando	dicendo	facendo	stando	tenendo
Imperfekt	andavo	davo	dicevo	facevo	stavo	tenevo
	andavi	davi	dicevi	facevi	stavi	tenevi
	andava	dava	diceva	faceva	stava	teneva
	andavamo	davamo	dicevamo	facevamo	stavamo	tenevamo
	andavate	davate	dicevate	facevate	stavate	tenevate
	andavano	davano	dicevano	facevano	stavano	tenevano

Infinitiv	bere	rimanere	salire	scegliere	venire	uscire
Präsens	bevo	rimango	salgo	scelgo	vengo	esco
	bevi	rimani	sali	scegli	vieni	esci
	beve	rimane	sale	sceglie	viene	esce
	beviamo	rimaniamo	saliamo	scegliamo	veniamo	usciamo
	bevete	rimanete	salite	scegliete	venite	uscite
	bevono	rimangono	salgono	scelgono	vengono	escono
Imperativ	bevi!	rimani!	sali!	scegli!	vieni!	esci!
	bevete!	rimanete!	salite!	scegliete!	venite!	uscite!
Partizip	bevuto	rimasto	salito	scelto	venuto	uscito
Gerundium	bevendo	rimanendo	salendo	scegliendo	venendo	uscendo
Imperfekt	bevevo	rimanevo	salivo	sceglievo	venivo	uscivo
	bevevi	rimanevi	salivi	sceglievi	venivi	uscivi
	beveva	rimaneva	saliva	sceglieva	veniva	usciva
	bevevamo	rimanevamo	salivamo	sceglievamo	venivamo	uscivamo
	bevevate	rimanevate	salivate	sceglievate	venivate	uscivate
	bevevano	rimanevano	salivano	sceglievano	venivano	uscivano

7 Verben mit unregelmäßigem Partizip | Verbi con participio irregolare

Infinitiv	Partizip	Infinitiv	Partizip
accorgersi	accorto	nascondere	nascosto
aprire	aperto	perdere	perso / (perduto)
bere	bevuto	prendere	preso
chiedere	chiesto	promettere	promesso
chiudere	chiuso	ridere	riso
condividere	condiviso	rimanere	rimasto
conoscere	conosciuto	rispondere	risposto
correre	corso	rivedere	rivisto
dare	dato	rompere	rotto
decidere	deciso	scegliere	scelto
dire	detto	scendere	sceso
discutere	discusso	scrivere	scritto
essere	stato	soffrire	sofferto
fare	fatto	stare	stato
fingere	finto	uccidere	ucciso
leggere	letto	vedere	visto
mettere	messo	venire	venuto
nascere	nato	vincere	vinto

GRAMMATISCHE BEGRIFFE | TERMINI GRAMMATICALI

l'aggettivo	das Adjektiv	rosso/-a, noioso/-a, facile, divertente
l'aggettivo dimostrativo	der Demonstrativbegleiter	questo tavolo, questa canzone
l'aggettivo possessivo	der Possessivbegleiter	il tuo libro, le sue scarpe
l'articolo determinativo	der bestimmte Artikel	la borsa, il fiume, lo stadio, le gonne, i poster, gli amici
l'articolo indeterminativo	der unbestimmte Artikel	un libro, una torta, uno sci, un'amica
l'articolo partitivo	der Teilungsartikel	del vino, delle torte, dei dolci
l'avverbio	das Adverb	Lei canta bene.
la congiunzione	die Konjunktion	e, ma, quando, perché
la consonante	der Konsonant	b, f, n, s, t, z
il dittongo	der Diphthong	piede, paese, euro
femminile	feminin, weiblich	la brava ragazza

la frase affermativa	der Aussagesatz	Loris mangia un gelato.
la frase interrogativa	der Fragesatz	Che cosa mangia Loris?
la frase subordinata	der Nebensatz	Rimango a casa **perché piove**.
il genere	das Genus	il libro (maschile), la libreria (femminile)
il gerundio	das Gerundium	**andando** a casa, **sto scrivendo**
l'imperativo	der Imperativ	**Vieni** qui! **Ascoltate**mi!
l'imperfetto	das Imperfekt	andava, vedevi, parlavamo, ero
l'infinito	der Infinitiv	sapere, ascoltare, dormire
maschile	maskulin, männlich	**il** brav**o** ragazz**o**
la negazione	die Verneinung	Cara **non parla** francese. Lui **non si chiama** Oscar.
il numero	die Zahl	uno, ventidue, cinquanta
il numero ordinale	die Ordinalzahl	il primo, il terzo, l'ottavo
l'oggetto	das Objekt (direkt: Wen? Was?, indirekt: Wem?)	Stasera chiamo **Laura**. Scrivo **una lettera**. **Gli** dico tutto.
il participio	das Partizip	sceso/a, andato/a, detto, visto
il passato prossimo	das Perfekt	ho visto, siamo andati
il plurale	der Plural	i gatti, le idee, gli amici
la preposizione	die Präposition	Abito **a** Berlino. Luca è **di** Alba.
il presente	das Präsens	**Andiamo** in centro. Lara **compra** dei libri.
il pronome dimostrativo	das Demonstrativpronomen	**Quello** è Filippo. **Quelle** sono le mie amiche.
il pronome personale	das Personalpronomen	io, tu, lui/lei, noi, voi, loro
il pronome personale complemento	das Objektpronomen	**Vi** racconto una storia. Non **ti** piace la musica rock?
il pronome relativo	das Relativpronomen	che, cui
il pronome personale soggetto	das Subjektpronomen	**Io** sono Maria. **Lei** è Anna.
la proposizione relativa	der Relativsatz	Giulia, **che è una mia amica**, abita a Verona.
il singolare	der Singular	il ponte, la ragazza, una piazza
il soggetto	das Subjekt (Wer?)	**Khalid** abita a Torino.
il sostantivo	das Substantiv	il **parco**, la **scuola**, il **cibo**
il superlativo	der Superlativ	Questa città è **bellissima**. Oggi sono **stanchissimo**.
il verbo	das Verb	andare, venire, essere, potere

il verbo ausiliare	das Hilfsverb	essere, avere
il verbo irregolare	das unregelmäßige Verb	uscire, scegliere
il verbo modale	das Modalverb	dovere, volere, potere
il verbo regolare	das regelmäßige Verb	cantare, dormire
il verbo riflessivo	das reflexive Verb	**chiamarsi**, **vedersi**
la vocale	der Vokal	a, e, i, o, u

LÖSUNGEN | SOLUZIONI

1 BENVENUTI A TORINO

Weißt du's?

S.7 **1** 2. la piazza, il fiume, l'industria, lo stadio, l'albergo

S.8 **2** 1. arrivo; 2. arrivi; 3. arriva
1. mangio; 2. mangi; 3. mangia
1. arriviamo; 2. arrivate; 3. arrivano
1. mangiamo; 2. mangiate; 3. mangiano

S.9 **5** io parlo, lui/lei è, loro arrivano, lui/lei abita, noi siamo, voi state

S.10 **8** una piazza, un castello, un fiume, un'industria, un albergo

9 1. vendo; 2. vendi; 3. vende; 1. vendiamo; 2. vendete; 3. vendono
1. vedo; 2. vedi; 3. vede; 1. vediamo; 2. vedete; 3. vedono

S.11 **11** i campi, le biciclette, i calciatori, le industrie, gli edifici

12 C'è il ponte della Gran Madre. Ci sono molti parchi. C'è una squadra famosa: la Juve.

S.12 **13** 1. Stefano parla italiano e francese. Gli amici abitano a Torino.

S.13 **Facciamo il punto**

1 1a: le lingue, i fiumi, le classi, gli stadi
1b: il negozio, la partita, l'amico, il ponte

2a 1. Io prendo un gelato. Voi, che cosa prendete?
2. Luca prende una coca e noi prendiamo un tè.

2b 1. Noi siamo in centro. Tu, dove sei?
2. Io sono a casa. Giorgia è qui con me.

2c 1. I ragazzi arrivano alla gelateria. Khalid non arriva con loro.
2. Noi arriviamo dopo la partita. Voi arrivate subito.

3 1. Khalid abita a Torino. 2. Il negozio di papà è in centro. 3. Forse siamo in classe insieme.
4. Non guardo spesso le partite.

4 1. Dov'è Filippo? 2. Come si chiama il gatto? 3. Chi è Khalid? 4. Di dov'è Filippo? 5. Dove sono i ragazzi? 6. Che cosa prende Anna?

5 1. Giorgia non parla tedesco. 2. Il gatto non sta bene. 3. La scuola non si chiama Liceo Roberti.
4. Gli amici non sono a casa.

2 IL MIO MONDO

Weißt du's?

S. 14 **15** 1. Le lezioni di danza mi piacciono. 2. Mi piace la storia. 3. Mi piacciono i gatti. 4. Il centro di Torino mi piace.

16 quarantuno, cinquantatré, sessantasei, settantotto

S. 15 **17** queste canzoni, questi compiti, questo televisore, questo snowboard, questa merenda

18 1. Filippo porta il suo gatto. 2. Giorgia torna con le sue amiche. 3. Prendo i miei pattini.
4. Cerchi il tuo fon?

S. 16 **19** al parco, dalla scuola, nell'armadio, sui pattini

20 1. sento 2. senti 3. sente; 1. sentiamo 2. sentite 3. sentono
1. parto 2. parti 3. parte; 1. partiamo 2. partite 3. partono

S. 17 **22** 1. La camera è piccola. 2. Le foto sono piccole. 3. Il televisore è piccolo. 4. Gli armadi sono piccoli.

S. 18 **22** 1. La casa è grande. 2. Il televisore è grande. 3. I poster sono grandi. 4. Le borse sono grandi.

23 i bus, gli smartphone, le bici

S. 19 **Facciamo il punto**

1 1. loro sentono, vanno, hanno 2. tu vai, dormi, giochi

2 1. La mamma non trova i suoi rossetti. 2. Greta cerca la sua borsa. 3. Filippo gioca con il suo pallone.
4. Anna mette in ordine i suoi libri.

3 1. Il pallone è sotto il tavolo/accanto alla sedia/nella camera.
2. Questa è la borsa di Giorgia/della professoressa/dell'amica.
3. I libri sono nello zaino/sullo scaffale/nel corridoio.
4. Greta va a scuola/alla gelateria/in centro.

4a 1. Gli zaini sono grandi. 2. I corridoi sono pieni. 3. Le foto sono piccole. 4. I cellulari sono nuovi.

4b 1. L'asciugamano è grande. 2. Il rossetto è bello. 3. Il libro è utile. 4. La vasca è vuota.

3 A SCUOLA

Weißt du's?

S. 20 **24** umgangssprachlich: sono le nove meno venti; è mezzogiorno e un quarto; sono le due e mezzo; sono le cinque e venti; è mezzanotte e un quarto
offiziell: sono le otto e quaranta; sono le dodici e quindici; sono le quattordici e trenta; sono le diciassette e venti; sono le (ore) zero e quindici

S. 22 **25** 2. 1. Oggi è venerdì. 2. La mattina abbiamo italiano dalle 10.45 (dieci e quarantacinque) alle 11.30 (undici e trenta)./Abbiamo italiano la mattina dalle 10.45 alle 11.30. 3. Torno a casa all'una./All'una torno a casa. 4. Il pomeriggio non abbiamo lezione.

26 il primo giorno, la sesta ora, la quinta foto, il terzo caffè, l'ottavo posto

27 1. finisco 2. finisci 3. finisce; 1. finiamo 2. finite 3. finiscono
1. restituisco 2. restituisci 3. restituisce 1. restituiamo 2. restituite 3. restituiscono

S. 23 **29** 2. 1. comincia/cominciate, parti/partite, corri/correte, finisci/finite, fa'/fai/fate; 2. non cominciare/ cominciate, non partire/partite, non correre/correte, non finire/finite, non fare/fate

S. 25 **Facciamo il punto**

1 1. di' 2. finisci 3. va'/vai 4. metti 5. cerca 6. dormi

2   1. Alle cinque Khalid finisce i compiti. / Khalid finisce i compiti alle cinque. 2. Prendo un gelato al bar. 3. Giorgia legge un libro di storia. 4. Non facciamo spesso sport in palestra. 5. Il professore spiega le regole agli studenti.

3   fare: 1. Loro fanno esperimenti. 2. Tu non fai i compiti? 3. Voi fate ginnastica in palestra.
dire: 1. Io dico tutto a Mario. 2. Lei dice sempre sì. 3. Noi diciamo «Buona notte».

4 IL TEMPO LIBERO

Weißt du's?

S.26 **34** 1 1a Beispiellösung: Gioco a pallone perché mi piace lo sport.
1b Beispiellösung: Mi piace la filosofia perché discuto volentieri.
2 2a Beispiellösung: Guardo la tele quando piove.
2b Beispiellösung: Vado in montagna quando c'è la neve.

S.27 **37** 1. Devo andare. 2. (Lui) Non può venire. 3. Vogliono giocare a calcio.

S.28 **39** Leo può andare spesso in montagna. Sa andare bene con lo snowboard.

S.29 **40** 2. dimenticato, organizzato, suonato, sentito, venduto

S.30 **Facciamo il punto**
1   1. Quando la casa a Sestriere è libera, i ragazzi vanno a sciare. 2. Khalid non può venire perché non ha tempo.

2   1. Filippo è già partito in montagna. 2. Leo ha già scritto il messaggio. 3. Anna non è mai stata a Sestriere.

3   1. Filippo ha dimenticato il suo cellulare. 2. Khalid ha segnato un goal. 3. Anna ha suonato il flauto. 4. La madre è rimasta a casa. 5. Voi avete perso/perduto i vostri sci.

5 LA MIA FAMIGLIA

Weißt du's?

S.32 **46** 1. Abbiamo perso l'autobus che va all'aeroporto. 2. La signora che arriva non è mia zia. 3. Noi prendiamo il treno che parte dalla Stazione Termini.

47 1. Non abbiamo potuto dormire. 2. Avete dovuto aspettare. 3. Ha voluto organizzare tutto.

Facciamo il punto

1   1. l'otto maggio, 2. il ventisette giugno, 3. il trenta ottobre, 4. il primo novembre

2   1. mio cugino, 2. i miei cugini, 3. suo nonno, 4. le loro zie, 5. la vostra cara mamma

3   1. i nonni: il loro salotto, il loro televisore, i loro vicini; 2. noi: i nostri biglietti, la nostra spesa, le nostre vacanze; 3. voi: la vostra macchina, i vostri viaggi, le vostre feste

6 MODA E CIBO

Weißt du's?

S. 33 **48** la borsa rossa, gli occhiali blu, i vestiti marroni, le giacche viola

S. 35 **50** 1. Le ascolto. 2. Lo invitiamo. 3. Li facciamo. 4. Non li dimenticare!

S. 36 **52** Devo comprare dei pomodori.; C'è ancora della mozzarella?; Non abbiamo bisogno di basilico.

53 Le scrivo un messaggio. Gli scrivo un messaggio. Gli scrivo un messaggio.

S. 37 **Facciamo il punto**

1 1. Quelli lì sono i miei amici. 2. È quello il vestito che ti piace? 3. Abbiamo bisogno di formaggio, insalata e acqua. 4. Ha comprato del basilico.

2 1. Sì, la capisco. 2. No, non lo prendiamo. 3. Sì, gli scrivo una cartolina. 4. Sì, gli faccio una sorpresa. 5. No, non le telefono. 6. No, non l'aiutiamo.

3 1. Leo e Filippo escono per comprare un nuovo hard disk. 2. Vedono Anna che esce dal negozio. 3. Filippo le domanda: Perché esci già? 4. Aspetta 10 minuti, così poi usciamo insieme.

7 VACANZE ITALIANE

Weißt du's?

S. 38 **54** 2. 1. Le ragazze si divertono al mare. 2. Perché non vi mettete a studiare?

S. 39 **56** qualche pomodoro, alcuni etti, qualche mela, alcune mandorle, alcune uova

Facciamo il punto

1 1. Questo ragazzo si chiama Niccolò. 2. Anna si mette a preparare delle bruschette. 3. Michele si fa un panino. 4. Paola e Rita si incontrano. 5. Le ragazze si divertono.

2 1. tutte le tende; 2. tutte le passeggiate; 3. tutti i campeggi; 4. tutti i pedalò; 5. tutti gli alberghi; 6. tutti gli esami

SUPPLEMENTO 2

Weißt du's?

S. 41 **60** una bellissima passeggiata, delle giornate tranquillissime, una brevissima pausa, un esame difficilissimo, dei ragazzi simpaticissimi

SUPPLEMENTO 3

Weißt du's?

S. 42 **62** lei partiva, io stavo, loro vedevano, noi ascoltavamo

INDEX | ÍNDICE

Die Angaben beziehen sich auf die Seitenzahlen.